文库

丛书主编

郑毅

吉林地志 鸡林旧闻录

高阁元 于泾 邢国志 标注

魏声和 撰

吉林文史出版社

图书在版编目（CIP）数据

吉林地志；鸡林旧闻录 / 魏声和撰；高阁元，于泾，邢国志标注. -- 长春：吉林文史出版社，2021.1
（长白文库）
ISBN 978-7-5472-7585-6

Ⅰ.①吉… ②鸡… Ⅱ.①魏… ②高… ③于… ④邢… Ⅲ.①吉林—地方志 Ⅳ.①K293.4

中国版本图书馆CIP数据核字(2020)第216414号

吉林地志
JILIN DIZHI

撰　　者：魏声和
标　　注：高阁元　于泾　邢国志

鸡林旧闻录
JILIN JIUWENLU

撰　　者：魏声和
标　　注：高阁元　于泾　邢国志

出 品 人：张强
丛书主编：郑毅
本版校注：李贺来　赵太和
责任编辑：程明　吕莹
装帧设计：尤蕾
出版发行：吉林文史出版社有限责任公司
电　　话：0431-81629369
地　　址：长春市福祉大路出版集团A座
邮　　编：130117
网　　址：www.jlws.com.cn
印　　刷：吉林省优视印务有限公司
开　　本：170mm×240mm　1/16
印　　张：6
字　　数：90千字
版　　次：2021年1月第1版　2021年1月第1次印刷
书　　号：ISBN 978-7-5472-7585-6
定　　价：58.00元

《长白文库》总序

中华优秀传统文化是中华民族的"根"和"魂"，习近平总书记高度重视中华优秀传统文化，并将其作为治国理政的重要思想文化资源。"不忘本来才能开辟未来，善于继承才能更好创新。""优秀传统文化是一个国家、一个民族传承和发展的根本，如果丢掉了，就割断了精神命脉。"中华优秀传统文化具有多样性和地域性等特征，东北地域文化是多元一体的中华文化中的重要组成部分。吉林省地处东北地区中部，是中华民族世代生存融合的重要地区，素有"白山松水"之美誉，肃慎、扶余、东胡、高句丽、契丹、女真、汉族、满族、蒙古族等诸多族群自古繁衍生息于此，创造出多种极具地域特征的绚烂多姿的地方文化。为了"弘扬地方文化，开发乡邦文献"，自20世纪80年代起，原吉林师范学院李澍田先生积极响应陈云同志倡导古籍整理的号召，应东北地区方志编修之急，服务于东北地方史研究的热潮，遍访国内百余家图书馆寻书求籍，审慎筛选具有代表性的著述文典300余种，编撰校订出版以《长白丛书》（以下简称《丛书》）为名的大型东北地方文献丛书，迄今已近40载。历经李澍田先生、刁书仁和郑毅两位教授三任丛书主编，数十位古籍所前辈和同人青灯黄卷、兀兀穷年，诸多省内外专家学者的鼎力支持，《丛书》迄今已共计整理出版了110部5000余万字。《丛书》以"长白"为名，"在清代中叶以来，吉林省疆域迭有变迁，而长白山钟灵毓秀，蔚然耸立，为吉林名山，从历史上看，不咸山于《山海经·大荒北经》中也有明确记录，把长白山当作吉林的象征，这是合情合理的。"（《长白丛书》初版陈连庆先生序）

1983年吉林师范学院古籍研究所（室）成立，作为吉林省古籍整理与研究协作组常设机构和丛书的编务机构，李澍田先生出任所长。全国高校古籍整理工作委员会、吉林省教委和省财政厅都给予了该项目一定的支持。李澍田先生是《丛书》的创始人，他的学术生涯就是《丛书》的创业史。《丛书》能够在国内外学界有如此大的影响力，与李澍田先生的敬业精神和艰辛努力是分不开的。《丛书》创办之始，李澍田先生"邀集吉、长各地的中青年同志，乃至吉林的一些老同志，群策群力，分工合作"（初版陈序），寻访底本，凤兴夜寐逐字校勘、联络印刷单位、寻找合作方，因经常有生僻古字，先生不得不亲自到车间与排版工人拼字铸模；吉林文史出版社于永玉先生作为《丛书》的第一任责编，殚精竭虑地付出了很多努力，为《丛书》的完成出版做出了突出贡献；原古籍所衣兴国等诸位前辈同人在辅助李澍田先生编印《丛书》的过程中，一道解决了遇到的诸多问题、排除了诸多困难，是《丛书》草创时期的重要参与者。《丛书》自 20 世纪 80 年代出版发行以来，经历了铅字排版印刷、激光照排印刷、数字化出版等多个时期，《丛书》本身也称得上是改革开放以来中国印刷史的见证。由于《丛书》不同卷册在出版发行的不同历史时期，投入的人力、财力受当时的条件所限，每一种图书的质量都不同程度留有遗憾，且印数多则千册、少则数百册，历经数十年的流布与交换，有些图书可谓一册难求。

1994 年，李澍田先生年逾花甲，功成身退，由刁书仁教授继任《丛书》主编。刁书仁教授"萧规曹随"，延续了《丛书》的出版生命，在经费拮据、古籍整理热潮消退、社会关注度降低的情况下，多方呼吁，破解困局，使得《丛书》得以继续出版，文化品牌得以保存，其功不可没。1999 年原吉林师范学院、吉林医学院、吉林林学院和吉林电气化高等专科学校合并组建为北华大学，首任校长于庚蒲教授力主保留古籍所作为北华大学处级建制科研单位，使得《丛书》的学术研究成果得以延续保存。依托北华大学古籍所发展形成的专门史学科被学校确定为四个重点建设学科之一，在东北边疆史地研究、东北民族史研究方面形成了北华大学的特色与优势。

2002 年，刁书仁教授调至扬州大学工作，笔者当时正担任北华大学图书馆馆长，在北华大学的委托和古籍所同人的希冀下，本人兼任古籍所所长、《丛书》主编。在北华大学的鼎力支持下，为了适应新时期形势的发展，出于拓展古籍研究所研究领域、繁荣学术文化、有利于学术交流以及人才培养工作的实际需要，原古籍研究所改建为东亚历史与文献研究中心，在保持原古籍整理与研究的学术专长的同时，中心将学术研究的视野和交流渠道拓展至东亚地域范围。同时，为努力保持《丛书》的出版规模，我们以出文献精品、重学术研究成果为工作方针，确保《丛书》学术研究成果的传承与延续。

在全方位、深层次挖掘和研究的基础上，整套《丛书》整理与研究成果斐然。《丛书》分为文献整理与东亚文化研究两大系列，内容包括史料、方志、档案、人物、诗词、满学、农学、边疆、民俗、金石、地理、专题论集 12 个子系列。《丛书》问世后得到学术界和出版界的好评，《丛书》初集中的《吉林通志》于 1987 年荣获全国古籍出版奖，三集中的《东三省政略》于 1992 年获国家新闻出版总署全国古籍整理图书奖，是当年全国地方文献中唯一获奖的图书。同年，在吉林省第二届社会科学成果评奖中，全套丛书获优秀成果二等奖，并被国家新闻出版总署列为"八五"计划重点图书。1995年《中国东北通史》获吉林省第三届社会科学优秀成果二等奖。2005年，《同文汇考中朝史料》获北方十五省（市、区）哲学社会科学优秀图书奖。

《丛书》的出版在社会各界引起很大反响，与当时广东出现的以岭南文献为主的《岭南丛书》并称国内两大地方文献丛书，有"北有长白，南有岭南"之誉。吉林大学金景芳教授认为"编辑《长白丛书》的贡献很大，从《辽海丛书》到《长白丛书》都证明东北并非没有文化"。著名明史学者、东北师范大学李洵教授认为："《长白丛书》把现在已经很难得的东西整理出来，说明东北文化有很高的水准，所以丛书的意义不只在于出了几本书，更在于开发了东北的文化，这是很有意义的，现在不能再说东北没有文化了。"美国学者杜赞奇认为"以往有关东北方面的材料，利用日文资料很多。而现在中文的《长白丛书》则很有利于提高中国东北史的研究"（《长白丛书》出版十周年纪念会上的发言）。中国社会科学院边疆史地研究中心主任厉声研究员认为："《长白丛书》已经成为一个品牌，与西北研究同列全国之首。"（1999年12月在《长白丛书》工作规划会议上的发言）目前，《长白丛书》已被收藏于日本、俄罗斯、美国、德国、英国、加拿大、澳大利亚、韩国及东南亚各国多所学府和研究机构，并深受海内外史学研究者的关注。

为了更好地传承和弘扬优秀地域文化，再现《丛书》在"面向吉林，服务桑梓"方面的传统与特色，2010年前后，我与时任吉林文史出版社社长的徐潜先生就曾多次动议启动出版《长白丛书精品集》，并做了相应的前期准备工作，后因出版资助经费落实有困难而一再拖延。2020年，以十年前的动议与前期工作为基础，在吉林省省级文化发展专项资金的资助下，北华大学东亚历史与文献研究中心与吉林文史出版社共同议定以《长白丛书》为文献基础，从《丛书》已出版的图书中优选数十种具有代表性的文献图书和研究著述合编为《长白文库》加以出版。

《长白文库》是在新的历史发展时期对《长白丛书》的一种文化传承和创新，《长白丛书》仍将以推出地方文化精华和学术研究精品为目标，延续东北地域文化的文脉。

《长白文库》以《长白丛书》刊印40年来广受社会各界关注的地方文化图书为入选标准，第一期选择约30部反映吉林地域传统文化精华的图书，充分展现白山松水孕育的地域传统文化之风貌，为当代传统文化传承提供丰厚的文化滋养，是一件功在当代、利在千秋的文化盛举。

　　盛世兴文，文以载道。保存和延续优秀传统文化的文脉，是人文社会科学研究者的社会责任和学术使命，《长白丛书》在创立之时，就得到省内外多所高校诸多学界前辈的关注和提携，"开发乡邦文献，弘扬地方文化"成为 20 世纪 80 年代一批志同道合的老一辈学者的共同奋斗目标，没有他们当初的默默耕耘和艰辛努力，就没有今天《长白丛书》这样一个存续 40 年的地方文化品牌的荣耀。"独行快，众行远"，这次在组建《长白文库》编委会的过程中，受邀的各位学者都表达了对这项工作的肯定和支持，慨然应允出任编委会委员，并对《长白文库》的编辑工作提出了诸多真知灼见，这是学界同道对《丛书》多年情感的流露，也是对即将问世的《长白文库》的期许。

　　感谢原吉林师范学院、现北华大学 40 年来对《丛书》的投入与支持，感谢吉林文史出版社历届领导的精诚合作，感谢学界同人对《丛书》的关心与帮助！

郑　毅

谨序于北华大学东亚历史与文献研究中心

2020 年 7 月 1 日

《长白丛书》序

吉林师范学院李澍田同志，悉心钻研历史，关心乡邦文献，于教学之余，搜罗有关吉林的书刊，上自古代，下迄辛亥，编为《长白丛书》，征序于予，辞不获命。爰缀予所知者书于简端曰：

昔孔子有言："夏礼吾能言之，杞不足征也。殷礼吾能言之，宋不足征也。文献不足故也，足，则吾能征之矣。"朱熹《四书章句集注·论语集注》以为："文，典籍也。献，贤也。"这是因为文献对于历史研究相辅相成，缺乏必要的文献，历史研究便无从措手。古代文献，如十三经、二十四史之属，久已风行海内外，家传户诵，不虞其失坠，而近代文献往往不易保存。清代学者章学诚对此曾大声疾呼，唤起人们的注意，于其名著《文史通义》中曾详言之。然而，保存文献并不如想象那么容易。贵远贱近，习俗移人，不以为意，随手散弃者有之。保管不善，毁于水火，遭老鼠"批判"者有之。而最大损失仍与政治原因有关。自清朝末叶以来，吉林困厄极矣，强邻环伺，国土日蹙，先有日、俄帝国主义战争，继有军阀割据，九一八事变后，又有敌伪十四年统治，国土沦亡，生民憔悴。在政权更迭之际，人民或不免于屠刀，图书文物更随时有遭毁弃和掠夺命运。时至今日，清代文书档案几如凤毛麟角，九一八事变以前书刊也极为罕见。大抵有关抨击时政者最先毁弃，有关时事者则几无孑遗。欲求民国以来一份完整无缺地方报纸已不可能，遑论其他。

中华人民共和国成立以来，百废俱兴，文教事业空前发展。而中经十年浩劫，公私图书蒙受极大损失，断简残篇难以拾缀。吉林市旧家藏书，"文革"期间遭到洗劫，损失尤重。粉碎"四人帮"后，祖国复兴，文运欣欣向荣，在拨乱反正的号召下，由陈云同志领导，大张旗鼓，整理古籍，一反民族虚无主义积习，尊重祖国悠久文化传统，为振兴中华，提供历史借鉴。值此大好时机，李澍田同志以一片爱国爱乡的赤子之心，广泛搜求有关吉林之文史图书，不辞劳苦，历访东北各图书馆，并远走京沪各地，仆仆风尘，调查访问，即书而求人，因人而求书，在短短几年期间，得书逾千，经过仔细筛选，择其代表性者三百种，编为《长白丛书》。盖清代中叶以来，吉林省疆域迭有变迁，而长白山钟灵毓秀，巍然耸立，为吉林名山，从历史上看，不咸山于《山海经·大荒北经》中也有明确记录，把长白山当作吉林的象征，这是合情合理的。

丛书中所收著作，以清人作品为最多，范围极其广泛，自史书、方志、游记、档案、家谱以下，又有各家别集、总集之属。为网罗散佚，在宋、辽、金以迄明代的著作之外，又以文献征存、史志辑佚、金石碑传补其不足，取精用宏，包罗万象，可以说是吉林文献的总汇。对于保存文献，具有重大贡献。

回忆酝酿编余之际，李澍田同志奔走呼号，独立支撑，在无人、无钱的条件下，邀集吉长各地的中青年同志，乃至吉林的一些老同志，群策群力，分工合作，众志成城，大业克举。在整理文献的过程中，摸索出一套先进经验，培养出一支坚强队伍。这也是有志者事竟成的一个范例。

我与李澍田同志相处有年，编订此书之际，澍田同志虚怀若谷，对于书刊的搜求，目录的选定，多次征求意见。今当是书即将问世之际，深喜乡邦文献可以不再失坠，故敢借此机会聊述所怀。殷切希望读此书者，要从祖国的悲惨往事中，培养爱国家、爱乡土的心情，激发斗志，为四化多作贡献。也殷切希望读此书者能够体会到保存文献之不易，使焚琴煮鹤的蠢事不要重演。

当然，有关吉林的文献并不以汉文书刊为限，在清代一朝就有大量的满、蒙文的档案和图书，此外又有俄、日、英、美各国的档案和专著，如能组织人力，有计划、有步骤地进行整理，提要钩玄勒成专著，先整理一部分，然后逐渐扩大，这也是不朽的盛业，李君其有意乎？

吉林　陈连庆　谨序

一九八六年五月一日

目 录

标注前言

本书作者魏声和，字劭卿，江苏武进（今江苏省常州市）人。曾在吉长报社担任撰述。

据其友人南汇顾次英评介："（劭卿）不以荣利纷其怀抱，在朋友中实属罕见。凡事苟致力于专一，持之以恒，所成就之业必有可观。"

他自己也说："力求去妄（按指著书而言），凡不敢深信者，宁弃勿取……若剽窃充篇，誓不为也！"

魏声和在吉林任职期间，潜心研究吉林历史地理。公余之暇，写成了《吉林地志》和《鸡林旧闻录》。徐鼎康在序言中说："是书搜辑虽难语完备，其考订之勤，实有足多也"。作者参阅了大量古籍，并采用了"沿边界务""近年调查员报告诸书"，资料多有所据。书中没有荒诞的传闻，也没有杜撰的故事。可见作者的治学态度是十分严谨的。

《吉林地志》详细论证和记述了民国初年吉林省辖三十七县的地名、沿革和地理形势。其内容，以"今"为主。《鸡林旧闻录》作为它的姊妹篇，其内容以"古"为主，附录于后。这样的合集，一古一今，有纵有横，互为参证，足见作者匠心，确是难得的吉林历史地理佳作。

《鸡林旧闻录》以记述吉林史地掌故为主。涉及历史、地理、民族、政事、物产、交通、人物等许多方面。至于作者采用"鸡林"一词，在书中未加说明——当为借用两唐书中的"鸡林州"。清代《满洲源流考》致以传讹。按照史地学家的研究，唐代鸡林州都督府当在新罗南部（朝鲜半岛东南）。后来，这个建置和地名有否移置和迁徙，及其与近代吉林的关系，注者没有研究。附志于此，仅供参考。

原书不分卷，不列章节和目录。正如作者所述，算是一部资料性的结集，谨供后来修志者参考。

《鸡林旧闻录》分为五篇。各篇的主要内容:一是沙俄对我国东北的侵略、日本在中朝边界的阴谋活动、东北边界的状况。二是我国东北少数民族的生产、风俗和特产。三是东北边疆的金石和考古。四是历史上东北地区的兵事、明清间的战争和清帝国的兴起及女真部族的早期情况。五是东北的古城遗址、清代的东北流人、东北境内的草泽英雄等等。

这本书文字简练,功底深厚,有些论点相当精辟,并不拘泥于旧说。在本书中还保存了一些珍贵的史料。如结尾部分记述"朱三太子案"始末的《张先生传》就是。

本书刊行于民国二年,民国二十年作者又编著一部《增订吉林地理纪要》,对本书作了增订。

高阁元　于泾　邢国志

一九八五年六月

标注说明

一、以吉东印刷社，一九一三年版本为底本。

二、原文的双行夹注，一律改排小一号字，且用楷体。
　　文中使用括号的夹注，仍旧。

三、校勘用〔　〕加数码。

四、注释用圈码。

五、年号夹注公元年代，复出者从略。

序

    治塞外舆地之学，力劬而用切。今吾国士夫尝盛言移垦矣，使非先知广轮夷险之数，曷能推行而尽利？吉省处柳条边外，与中原远隔，游客踪迹，辎轩甄采，向所不及。前清抚治兹土，分旗编籍，寄内政于军令，既二百余年。然而川原饶衍，宝藏所积，其膏沃者其光晔，终有时启发，以利用厚生。比岁以来，生聚垦殖，地不爱宝，农利日溥。郡县建置，昔仅八九，曾未十稔，乃得三十有七，荒陬远徼，同符赤县，岂非蕴蓄深厚，其浚发愈迅而易耶？

    尝谓谈吉林地学，欲推论沿革，考之乎古辽金史记，地名讹舛。近顷治斯学者，于元史地理，天山南北，钩稽参考，已放曙光，独于兹土，悉从盍阙。遂引诠证，辄苦往籍鲜征。试信之于今，省内各属，析置伊始，志乘阙如。顾疆场申画，郡国利病，俱关乎政治之设施，其为用尤征紧要。魏君劭卿之为是书，列目而不分卷，示不自拟于著作之林。要是书搜辑虽难语完备，其考订之勤，寔有足多也。至沿边界务，摘采近年调查员报告诸书，尚俱精审。魏君讲求历史地理，比来鸡塞诹咨探讨，所业益进。吾国学子，应乎时势之需要，群知留心边事。第患新箸既不多觏而真碻者弥难其选。然则是书之成，允为治塞外舆地学之一助也。

    民国二年八月中浣，嘉定徐鼎康叙于吉林行省公署。

吉林地志　凡　例

是编由省垣而西北,而东北,而南,疆域接连,依为编纂之次序。庶几地点、位置、山川、方向,前后互证,易于明瞭。

辽、金郡县,大类南北朝时之侨置。灭国以后,辄移其民,而郡县之名,亦随之迁徙。如渤海建州,辽移临潢南境;现今内蒙巴林旗,尚有大氏遗族,不令逾西喇木仑河樵牧,越河则为蒙人所俘。东京显德府,今宁远县境。而有率宾之县。本编沿革,必求地点与古代建置互勘不易。凡有疑似者,宁付阙如。又如今日牡丹江以东,在辽、金,半同荒徼,建置本疏,故沿革源流,实无可考[1],即从省略。务取真确,不蹈傅会之习。

辽、金申画疆域,府军州县之上又有节度、万户等官,设署无定。若元代建置,尤为疏阔。今吉省东半,悉隶海兰一路,故州郡沿革,只载当时设治所在。如属何路、何节度之名,概行删去,以避繁复。

是编形势一栏,悉采自二三年内各界调查日记与夫官署之报告,要皆现在情形。至凡散见于《鸡林旧闻录》者,本编概不纂入,阅者必相互考证。如《旧闻录》中,金石、古城各类,俱足供沿革之参考;物产、界务各类,俱于各属形势有发明之处。但疏漏仍多,大雅宏达,尚祈教益。

吉省十年前,仅有九属。前清光绪季年,改建行省,增设府厅州县,旧时知府,悉有属地,与内省异。乃有四十年来,次第设治。惟宝清、勃利、临湖三属,拟设未果。其各属命名,类多沿袭满洲旧名,但以音讹、音转之异,动失其据。复以文义附会,惟求其雅,不知满语俱有所谓。如苏瓦延,本浊流之谓。今一转再转,而为双阳是。地名源于历史,有时地望每相差越。如宾州,金代在今榆树县,今苇子沟之宾县,东北距离数百里。是编于考订确凿者,悉述其大凡,或亦读史之一助。

各属设治未久,今凡舟车所经,仆夫告语,犹俱举土名。顾其名称,出自满语者亦居半,且多与地理关合。故于每县之下,概列土名有音义可释者,并附以诠解。

沿革、形势，凡详见后编《旧闻录》者，俱有注明。手民后字辄误作前，校勘时忘未改正。又夹缝中标题，本编亦概排《鸡林旧闻录》，殊嫌舛混，以无关要旨，仍而未改，阅者谅之。

吉林地志

武进魏声和劭卿氏辑著

　　吉林，被山负海之区也，处关东三省之中，而海岸延长：南起图们江，北尽库页岛，地方包络几三千余里。往在辽、金射猎部落。东北沿海，建置疏阔，其申画已靡可详言。考之前明奴儿干都司之领地，清代三姓副都统所辖贡貂诸部，东海版图皆直迄混同江外。自清室凌夷，岩疆暗丧，清咸丰前，库页岛已潜属日本势力范围。一度割地，濒海乃俱界于俄。退而画江自守，吉林遂无形势之可言。画江之役，逮今五十三年矣①。此时期中，苟慎护国防，犹或聊固吾圉。奈何铁路建筑，拱手让人。长蛇之势，首扼于俄，尾鼋于日。吉长踵成，主权半失，吉会计画，同一丧弃。驯致渐进交侵，攘及航利，天产所资，两手掩护，惟恐无及。于是腹心贯彻，全局皆僵，吉林并无内险之足凭。虽然地理之运用，要随时会，以为迁变耳。在昔闭关时代，务在设险守隘，冀人之不侵越。今则万国棣通，农战商战，竞争旁午，当在地利之为我用，以实边者保疆。夫吉林非所称天富之国耶。但以现在论，农田半未垦辟，矿产开凿甫具端倪，东路森林徒供俄人汽车爨料。至于渔虞、牧畜、采樵之业，一切牢守惯习不知变，以荒芜勿治之势，遂来慢藏海盗之忧，不为国利，便贻民患。故当务之亟，莫切于浚发实业。而凡山川险塞，战胜攻取之说，不妨缓置。松花江，环行境内达三千三百余里。乌苏里江，中国有其下游一部。图们江，有其上游一部。两江环带又及二千数百里。南北各行省江岸线之长，盖未有如吉省者。省内河川，乃悉如江流之方向，迁行交汇。其北注者，俱松花江之灌域；大者如依通②、拉林、阿什、牡丹、倭肯诸河。东注者俱乌苏里江之灌域；大者如挠力、穆稜诸河。惟南注图们江者，仅海兰河较大，但亦不为巨川。源流纵横，多及千里以上。通省三十七属，咸被沾溉，农利之饶，即缘乎此。吉省山脉，权舆白山。近人多认白山属之中干。山东泰岱北脉，从芝罘半岛渡海，起顶为旅顺铁山，东北行以长白山为中干尾脉主山。分东西两系：长白山系，北走东折，蟠郁延珲诸边，歧入俄领东海滨省；小白山系，顺松花江北行而东北折，直迄俄领鞑靼海岬；

1

东系，金属矿产尤丰，而连山老林，荫蔽丛积。两系之大林区，乃得四十有八。粤自洪荒以来，迄为射猎时代，未进于农业，利在丰草长林、鸟兽腓字、农猎两业不并处。今故天产瑰雄，草叶腐积，土质益沃。由前之说，是物产厚盛之原于地理者；由后之说，是原于历史者。而山川脉络，原隰方向亦可见其概矣。然而抚此神皋，近十余年，门户开放，地方繁赜，虽异于昔，抑仍山泽之利未尽启，膏沃之壤未尽辟，是何欤？盖其渐进之度，胥任乎趋势之自然，初非有政治之设施为之指导，又复雈苻俶扰，道途蓥屋，省东各县编户未盈千者，今尚五六。陆行动须假道江航，惟藉俄轮，交通大势，悉侵悉夺。以故，向者尝盛言移民，当事疑畏而不举成效，卒荒。阔而勿彰，循今之轨，薪致发达，十年生聚，十年富庶，殆必二十年后，吉林才以农国闻乎？其奈介于两强外人，举其全力展拓，一日千里。俄于乌苏里江右，垦殖大兴。本年度预算移民费二千七百十万余卢布，平均每年移民七十万人。日促三韩遗族，尾闾吾土。双方侵逼，情势已远不相及耳。急起绸缪，以实边者保边，即以固我中国。其虚其邪，既亟只且。

吉林县，土名船厂

〔**地名释义**〕满语吉林乌拉。吉林，沿近之谓；乌拉，大川之谓。县名系截取上二音者。船厂之目，《省志》谓，因顺治十八年（1661）遣昂邦章京造战船于此，以征罗刹，故有此名。其实，康熙时闻人笔记，如《柳边纪略》，已有土人掘地，常得大木，或古代尝作船厂之说。盖明永乐、洪熙、宣德③三朝，累兴水师，招抚东夷，俱出发于此。证之阿什哈达摩崖④，见前。可以推定是造船设厂，确远在明初。

〔**沿革**〕唐时渤海国为涑州，辽、金为宁江州旁境，明初为乌拉卫土门河卫地，明季属扈伦族之乌拉部。《满洲源流考》：吉林，确为唐时新罗国之鸡林州，嗣鸡林都督屡次移治，遂同于侨置。又清乾隆帝《咏吉林》诗云"作镇曾闻古"，殆即指此。著者终不敢指定也。康熙十二年（1673）始建砖城，十五年移宁古塔将军于此，遂为省会。清廷先遣章京萨布素以绳量道里，宁古塔至吉林凡九万八千丈。自吉林东行十里，过松花江至尼什哈站，三十里交蜜峰⑤，四十里额赫穆，十里纳穆窝集，三十里山神庙，五十里拉发，七十里推屯⑥，三里色齐窝集。（今退屯站迤东为张广才岭，山林延亘，北麓拉林河出焉。）三百九十里宁古塔城。今以地望、站名相证，尚悉吻合。至色齐窝集以东，不按站计者，谅为当时灌木连天，人烟稀绝，无可为识故耳。雍正四年（1726）设永吉州。属奉天府尹。乾隆十二年（1747）罢州，改设理事同知。光绪八年（1882）升为府，今改县。

〔**形势**〕省垣山岭环复，江流转曲，拥抱回护，气势结聚，诚天然之都会。

但辽、金间兵事地理之要点，实在下游宁江州城。当时宁江与黄龙，互为犄角。耶律、完颜两姓之废兴，悉系此地之得失焉。至前清之初，将军之所以移驻，则以奉天为清之陪都，此焉近密，便于控制焉耳。又为沿边台站，东西横接，故舍宁江古戍，而改建都会于驿道之冲，非于边防有所规画也。顾今则吉长铁路已成，吉会一线，数年后必且建筑，吉垣形势，乃缩柳塞东西之毂，握满韩之枢，地理重要当无逾此。

长春县，土名宽城子

〔地名释义〕长春，辽地名。《辽史·本纪》：延禧亲征，率番汉十余万，出长春路是也。又，《本纪》辽帝幸长春宫。明孙承泽笔记：辽长春宫有二。一在鸳鸯泊，即捕鱼儿海；巴林旗境。一在黄龙府附近。详考图志，辽长春路，实今江省所属札赉特旗蒙地，踞嫩江右岸。县境固非辽时疆域也。

〔沿革〕辽置泰州昌德军，属上京路，金大定⑦间废。承安二年（1197）移州于长春县，以故地为金安县隶之。元属开元路。元太祖遣弟哈布图征郭尔罗斯部，擒其酋。十六传至乌巴什，遂踞之分前后二旗。清天命九年（1624）归清。嘉庆五年（1800）因垦民日众，借前旗地置长春理事通判，设厅治于新立屯⑧，南距今县治五十里。道光五年（1825）移于现在治所之宽城子，光绪八年（1882）改称抚民通判，十五年升为府，今改县。

〔形势〕县境南扼伊通边门，迤北弥望平原，东通省会。出县境三十里，即坡陀起伏，松岭山脉沿柳边蜿蜒东走，此皆其尾脉也。自东清铁路告成，平夷洞达，商旅辐辏。逮日俄战事既终，北属东清，南为南满，此焉缩毂，乃扼三省交通之冲。境内农产，亦冠于各属。

依通县，土名伊通

〔地名释义〕伊通河发源县境，下注松花江。自辽金以来，史作一秃河，又作伊图河、伊屯河，皆一音之转。

〔沿革〕金咸平路。元初因之。明为达喜穆鲁卫、伊屯河卫地。后为扈伦族之叶赫部地。嘉庆十九年（1814）设分防巡检，光绪八年升为州，今改县。

〔形势〕县境为狭长形，向西南突伸，扼威远堡边门之口。晚明东事既起，恃为辽沈之藩卫。至于清朝，柳边以外，悉置台站。吉林、沈阳间交通，伊通驿适扼其中。故东属围场，奉省海龙、东平⑨、西丰等属，清初皆为围场。西属科尔沁蒙界，今为昌图、奉化⑩等县。独留此一线通衢，若司管键。今南满铁道通行，不经县境，形势固大有迁变，而轨道密迩，省界自封，匪踪出没，尤号难治。

农安县，土名龙湾

〔地名释义〕县治旁古塔，建于辽圣宗[⑪]时，相称龙安塔，音讹又似农安，遂为县名。

〔沿革〕唐时渤海大氏上京之扶余府。辽为黄龙府。宋岳武穆所谓直捣黄龙，即指此。清《一统志》及何秋涛《朔方备乘》均谓黄龙府有二说。然终以属今农安为定义。至唐人诗所谓旗鼓龙城、龙城飞将之说，乃指今东土默特旗界，晋前燕慕容皝所都之龙城而言。金济州，元初为金之上京，残破，曾侨治开元路总管于此。后徙今奉省之开原县。明初为伊屯河卫旁境，后属郭尔罗斯前旗。光绪八年借蒙地设分防照磨，十五年改设知县，今仍之。

〔形势〕境内尽属平原，当松花江左，而扼伊通、驿马二河之委流，川原交错，蒙满咽喉。辽金时代为四战之地，良有以也。由吉林省垣西行七十里为桦皮厂，五十里土门岭，二十里马鞍山，二十里九台。由此出柳条边，正西微北七十里双山子，又西北四十里郭家屯入农安界，西北三十里万金塔遗址，二十里高家店，二十里花园，由此入草地，正北三十里卡仑木，二十里郭尔罗斯前旗贝勒府，共十一站，三百九十里。

德惠县，土名大房身

〔地名释义〕旧属长春府，时县境为沐德、怀惠二乡地。

〔沿革〕与农安县同。宣统二年（1910）析长春府西北境置县。

〔形势〕境内水道纵横，农利最溥。迤西沐石河、松花江汇口，沱流萦带，柳涵延亘，尤饶水利。

长岭县，土名长岭子

〔地名释义〕《新唐书》：渤海国长岭府，领瑕、河二州。《满洲源流考》：河州在黄龙府北。有河流入松花江。按之地望颇合。

〔沿革〕渤海属长岭府，金博索府旁境，元明建置与农安同。光绪三十四年（1908）设县治，今仍之。

〔形势〕全境平原，无高山大川。县治迤北有砂漠，地与达尔汗旗界东西延亘，故春夏常苦风砂，俨然戈壁中景况。设治六年，只东南一带，稍稍垦辟。

双阳县，土名苏斡延

〔地名释义〕双阳河注伊通河。苏斡延为满洲古地名，满语，浊流也。

〔沿革〕辽金与吉林同。明为依尔们河卫、苏完河卫。吉省未置郡县以前，西旁柳边，与郭尔罗斯前旗接壤。宣统二年分吉林府西界、长春东界、依通北界，增设县治。

〔形势〕吉、长、依三属为吉省大邑，故县治设置虽近，而垦辟已久。境壤虽狭，而农利实溥。地居腹内交通防御，俱不占重要之位置焉。

舒兰县，土名朝阳川

〔地名释义〕满洲古地名。为省北台站之一。满语舒兰，果实也。境内四合川、霍伦河本属前清贡山，为采贡小山梨红[2]、山桲之地。

〔沿革〕明属阿林卫。康熙二十年（1681）设巴彦鄂佛罗防御旗员管辖此地，采捕事宜仍属之乌拉总管。近年逐渐开放，宣统二年分划吉林府北界，增设县治。

〔形势〕北带柳边之尾，法特哈门。西旁松花江，山脉横午。县境东南尤万山丛杂，有呼兰、玲珰岭之诸峰，为拉林河所出。故境内水道纵横，渔虞采樵之利兼备。

阿城县，土名阿什河

〔地名释义〕阿什河为阿勒楚喀河之音转。又即《金史》按虎出水之音转。满语阿勒楚喀，耳也。谓河流弯环，形似人耳也。

〔沿革〕渤海时为粟末靺鞨，种族杂居，称海古勒地。后为完颜氏本部，金为上京会宁府。现在完颜氏之后[3]裔犹多，皆改姓为鄡。是族每值旧历元旦，辄闭户谢客，族中人例不贺年。因金代系元旦灭亡，今七百余年，犹存哀痛之纪念。考《宋史》，蒙古兵以元旦会饮，歌吹声四接。是夕，金哀宗⑫传位承麟，称贺未毕，而城陷。现在县属鄡姓计百余家。元朝墟其地，属之硕达勒达万户府。明为岳希卫、阿实卫地。清雍正四年置协领，设驻防兵。七年拆毁旧城移建新城（即今县治）。乾隆九年（1744）设副都统，宣统元年裁，设县治，今仍之。

〔形势〕县境东南多山，与蚂蜒岭之森林系连接。会宁故都右环拉林河，左拥阿什河，两流夹注。大江西北两面为江河之冲积层，故弥望平原，颇擅形胜。雍正时，所以移建今城，毁除古迹，则缘禁忌迷信之见。谓一姓不再兴，前朝故都为王气所钟，诚陋说也。现在雉堞未尽铲除者，尚崇墉兀兀，隔十余丈辄有戍楼遗址。土人往在晴日将升时，每见雉墙及城门，宛然在目。自东清铁道既成，密迩轨道遂未有见，意或地气有迁变软！近年日本人广募土人，开挖地层，疑犹有重器埋藏地下。土人曾得黄金碎如豆粒。又有碧玉形之块石，嵌空玲珑，为古时粮谷焚余，粘性之米脂入土所化者。可知是城宫殿，必为元人劫火所烬荡，特书史已无可征矣。今日则轮轨交通，且为台站所经，商货四集，行旅孔繁，称巨埠焉。

新城县⑬，土名伯都讷

〔**地名释义**〕清初，伯都讷台站，为西通蒙部之边驿。康熙三十二年（1693）另建砖城于站南，别于旧站，因曰新城。

〔**沿革**〕辽达鲁噶部，隶北府节度。金为肇州。元立屯田万户府，仍名肇州。明初为三岔河卫，后被科尔沁蒙古侵入。清廷抚定蒙人，设伯都讷站于讷尔浑之野，始画江为境。康熙三十三年设副都统官。雍正五年设长宁县。乾隆元年（1736）罢县。二十六年置理藩院蒙务主事，以理蒙事。嘉庆十六年（1811）改设伯都讷厅同知。光绪八年移设孤榆树屯，增设巡检一。三十二年设新城府，今改县。

〔**形势**〕嫩江自西北来，纳于松花江。松花江北行至此，势为搀夺，二江既汇，遂直向东趋，形成曲尺。县境为江水冲积层，川原广衍，廓然平野，农渔之利，实称奥区。地势向西突伸，插入郭尔罗斯蒙旗界内，从是分南北两部焉，故三面环蒙。江流转曲，亦三面，外环巨浸。而今日东清铁道，又实经行东境，平夷洞达，扼江航、陆转之咽喉。 境南陶赖昭站，建有铁道通过之江桥。以一隅之地，而交通辐辏[4]，四面引带，诚省西第一险隘也。故金源之兴，肇于涞流一战。见前得胜陀碑考。辽朝失此，累败，卒不复振，画江设险，以满制蒙，盖舍此未[5]由矣。

双城县，土名双城堡

〔**地名释义**〕旧有土城二，为古代留遗之建筑物。一名双城子。

〔**沿革**〕金为上京会宁府之西南境。许亢宗《奉使行程录》：渡拉林河，至矩古贝勒寨、达河寨、布达寨。皆在今县境内。金时之台站名也，元时为废地，明为阿怜部。《元史》：至元二十年（1283）八月甲子，遣军六千人淘金双城。又明有双城卫。是皆指今日俄领绥芬河旁，俄名尼格来司之双城子。清嘉庆十九年置协领，隶阿勒楚喀副都统。光绪八年设双城厅通判。宣统元年升为府，今改县。

〔**形势**〕县境北临松花江，南倚拉林河，背江面河，气势完固。往在金源，固畿内地也。四望平原，挽输便捷，灌溉适宜，农利称最，故前清之初，即已耕垦。为就农产航途之交利，拉林水湄设置官仓。始康熙朝征罗刹，顷以储军食。嘉庆十七年，清廷给赍量移驻京八旗，开荒列戍，始置协领，是为吉林官办移垦之嚆矢⑭。现在东清铁道午贯县境，交通趋势舍航而陆，地方生计发达，尤称壮县焉。

滨江县，土名哈尔滨^⑮

〔**地名释义**〕往为松花江右滩地，江左傍近郭尔罗斯后旗界。今为江省呼兰县。蒙人以此地草甸平坦，遥望如哈喇，蒙语因称为哈喇宾。汉语讹转，又易喇为尔。土音喇、讷、尔、勒等字，俱无大区别。设治顷以此地临江，且就土人之惯称，故名。

〔**沿革**〕金为上京会宁府西北地。元明沿革与阿城同。前清宣统元年设滨江厅同知，仅在傅家甸一隅，面积数里。嗣割双城东北境附属厅治，仍嫌褊狭，今改县。

〔**形势**〕东清铁路西自满洲里（胪滨）入我国境，东达交界驿（东宁），县境适扼其中，而支线南达长春，接南满路，直迄辽东半岛。又于斯起点。一纵一横，此为交点。故就东省论，实缩南北满洲之毂。就交通大势论，要为东亚之枢。特商权久夺，外力日张，陆转江航，由人操纵。现由哈下达三姓、伯力、黑河之俄轮四十余艘。就此观察，中俄在北满势力之伸缩，可以得其概矣。

五常县，土名欢喜岭

〔**地名释义**〕旧于五常堡设协领，距今县治三十五里，为汉族移垦后之名称。

〔**沿革**〕辽时为阿延女真部，各锡部长名号，《契丹国志》称东南五节度是也。明为阿怜卫南境。清同治八年（1869）设协领于县东五常堡。光绪六年另建土城，八年改设民官，因称五常厅同知。宣统元年升为府，今改县。

〔**形势**〕县境多山，重峦复巘，四塞之区。色齐窝集俗称张广才岭。森林系北出而西折，为蚂蜒岭、鸡爪顶、庙岭诸高峰，皆县境之外险也。即与宁安、长寿分境之界山。又有斜向西北一支，称老岭森林系，则内险也。地距东清铁道稍远，运输艰阻。吉省腹内之窝集，此犹保存。惟山林深阻，伏莽易滋。庚子拳乱，居民什九流亡。近年生聚始密，农垦乃渐辟焉。县南六十里，旧设山河屯经历，西南九十里设蓝彩桥巡检，今改称分治委员。

榆树县，土名孤榆树

〔**地名释义**〕孤榆树为汉族移垦后之名称。

〔**沿革**〕辽金宾州地，金为由会宁入关孔道。置有巴达铺、呼勒希寨各驿。前清嘉庆十六年裁撤伯都讷城蒙务主事，分设巡检二，其一设于孤榆树。光绪八年又移伯都讷厅同知于此，因称榆树厅，今改县。

〔**形势**〕松花江经县境西南，拉林河环带东北，平原肬肬，无雄关巨岭以为险塞。然横午交贯，邮驿旁通，县南秀水甸子为西通蒙地之首站。称衢路焉。在昔则为女真、契丹之国界，许亢宗《行程录》，过江四十里至呼勒希寨，又东行五里即有溃堰断堑，自北而南，莫知远近，界隔甚明，乃契丹昔与女真国界也。以地望相证，即今台站所经驿路。岂非以其地当四达之冲，且临江岸，进退夷险，有足为国防之轻重，故国界即由此分划耶。特土性瘠薄，辽金时代，拉林沿岸有同砂碛。《松漠纪闻》：拉林河沿岸寸草不生，行人携水往还。今土宜转变，但亦非腴壤耳。

宾县，土名苇子沟

〔地名释义〕宾州，辽地名。《松漠纪闻》，契丹徙置翁舍展国于黄龙府南，曰宾州。州近混同江。又云：自上京百五十里至拉林河，百十里至宾州。金上京为今阿城县。洪皓[16]当日行程，系由会宁西返汴梁，今宾境转在阿城东北，名称沿袭，地域殊讹。

〔沿革〕金上京会宁府东境，矩威部、图塔部等女真所居。明为费克图河卫。满语费克图，蟀隙也。今蜚克图站为县西与阿城交界地。清光绪六年预筑土城，八年设宾州厅同知。宣统元年升为府。今改宾县。

〔形势〕层山如重闉障隔东境。是山之脉，南连五常，与蚂蜒岭森林系纵接，环带县东北，直迄松花江岸。境内农业适宜，惜无大川以利交通；以夹板河口新甸为江运之巨埠，河流亦较长。余如海里浑河、乌尔河、蜚克图河，虽具见金、明史记，实涧水也。乌尔，史作乌尔呼河。全境之水，尽北趋，汇注大江。

长寿县[17]，土名蚂蜒河又名烧锅甸子。

〔地名释义〕蚂蜒，满语，肘也；谓河湾抱如人肘也。长寿之名，因县治东有大小长寿二小河，设治时，遂以名县。

〔沿革〕金建置同宾县，称乌济赫部。《金史》：英悼太子葬于兴陵之侧，上送至乌济赫旧作乌只黑，满语乌济赫，育养也。今人讹作乌金密。水而还是也。明为蚂蜒河卫。清光绪八年设烧锅甸子巡检，属宾州厅。二十八年改设长寿县，今仍之。

〔形势〕县西界宾县。连山北走，与共此险。而色齐窝集更有纵行山脉经县之东，称毕展窝集之森林系焉。以故县境之内，岭峦横午，左右皆山。惟东清铁道轨辙所经，舍险就夷，半在谷底。而蚂蜒河适经县境之中，有冲积层之平原，县治所在，实为盆地，故常虞水患。若县南则峻岭危崖，森林蟠郁，乃称树海，惜被俄人斫，供汽车燃料[6]，濯濯殆尽。蚂蜒岭干脉为长寿南与五常县界山。东清铁道经行岭北。俄人于石头河、亮子河等站皆展修轻便铁道，通入山林，长者达三四十里。于是在岭北之森林，斫伐渐尽。幸危峦巉削，今尚无术过岭取材，故山南属五常界者，尚得保存。居民舍农垦外，林虞之业亦繁。

方正县，土名方正泡

〔**地名释义**〕县治北有水泡，作不正之斜矩形，俗称方正泡。

〔**沿革**〕元属呼尔哈万户府。明季凡牡丹江左右概属呼尔哈部，下游又称诺雷部。诺雷，系鄂伦春之音转，今其种族繁衍于江省呼伦贝尔境内，善使四不像，古时属之使鹿部。清光绪三十三年，设大通县治于江北崇古尔库站。嗣申画吉、江两省界，凡松花江北，悉改隶黑龙江省。宣统元年因移治江南方正泡迤南，称方正县，今仍之。

〔**形势**〕东北濒牡丹、松花两江，德墨里屯为出入松花江之船埠。砂土填淤，土质饶沃，称上腴焉。西凭毕展窝集与长寿县接界。东清铁道出长寿境，折向南趋，距离渐远，且隔大岭，故县境林区犹少斫伐。惟东赴依兰，不足二百里，中间水淀哈汤林中沮洳也。几居一半，土名大小罗罗密，尤碍行旅。近年随刊开辟，邮传往来，已不须假道江北，称便利焉。

依兰县，土名三姓

〔**地名释义**〕满语依兰谓三，喀喇谓姓。县名乃截取上二音者。三姓源流说见前。《吉林外记》：三姓者，努雅喇、克宜克勒、祐什哈哩三族赫斤人所居。考祐什哈哩，河流名。今宁安县东北十余里，尚有胡什哈屯。《明实录》：永乐十三年（1415）以部人吉塔斯为兀思哈里指挥同知是也。《满洲源流考》云：崇德四年（1639）祐什哈哩部长纳穆达里入贡。是此地确在宁安界。《吉林外记》之说，未知何本，或当日三族所居，其范围实及今宁安界，此其最南之一族乎。

〔**沿革**〕《元史》：海兰路设万户府五，一曰屯。明为和屯卫。满清未起以前，称此地为和屯噶珊之野。康熙五十四年（1715）置驻防兵，以协领管之。雍正十年（1732）设副都统。光绪三十二年裁，设依兰府，今改县。

〔**形势**〕县治当牡丹、松花两江之汇口，而东又纳倭肯河之巨流。倭肯，即和屯之音转。《金史》作和伦。《列传》：德克德父世为和伦水部长是也。原书作土温，所称阻五国鹰路，穆宗讨之，凡屡见。是水源出屯窝集，为省东最大分水岭。岭东即挠力河源，今其地山林尚未开辟。三川襟束，形势之要，高掌远蹠。譬之宫室，依兰表其峣阙，宁安则巍乎巨厦也。在昔，渤海都于龙泉，见后。是间建置，惜已无征，度必为重险无疑也。濒江土沃，冠乎吉省。北出与江省萝北、佛山远接气势，东沿大江，桦、富、临、绥四属，又此焉绾毂，称省东要塞焉。

宁安县，土名宁古塔

〔**地名释义**〕满清未兴以前，地名宁古塔贝勒。宁古塔，满语六数也。贝勒，部长也。时牡丹江下游又有依兰喀喇，则言彼为三部，此乃六部也。

〔沿革〕地为肃慎之故墟，其后为挹娄，当中国后汉时。为勿吉，南北朝时。至渤海靺鞨大祚荣建国始立都邑，称上京龙泉府（《唐书》称忽汗州）。辽为天福城，旋移其民，而墟其地。金置呼尔哈路万户。元初置呼尔哈军民万户府。明奴儿干都指挥使治此，统辖野人诸卫。南境为沙兰卫，东北为祜什哈哩卫。清顺治十年（1653）设副都统。在今县治西北五十里之古城。今城系康熙五年（1666）建，因称古城为旧街。康熙初改设宁古塔将军，十五年移驻吉林，仍设副都统于此。雍正五年置泰宁县，属奉天府。旋废。光绪三十二年（1906）裁副都统，侨置绥芬厅。宣统元年移厅署于三岔口，改名东宁厅，增设宁安府，今改县。

〔形势〕西凭毕展窝集，毕展，满语折断之谓。中贯穆丹乌拉，即牡丹江，又即呼尔哈之再转音。而临据上游。柳边以外之都会此为最古，气势实最雄阔。特自渤海以前，其防御在南。三国时毌丘俭征高丽（按：应为高句丽），及后高句丽与渤海战争，其行军皆由今宁安西南出夹皮沟，转至奉省海龙一带。即清初侵伐乌拉部，亦由此道。辽金以还，始重西守，顾辽灭渤海，不知保固此险，转迁移旧民，空虚其地，卒让女直窟穴于兹，为灭辽张本。明初招抚野人，远迄苦夷，即库页岛。而置都指挥于此，以资钤辖，则诚得控制之宜矣。使后世不失雄图，满清又安能崛起？今县境农利浩穰，交通利便。东清铁路横贯北境，站道从西南达东北，纵行全境，四面应接。谈省东形胜，终首数此邑。

桦川县，土名悦来镇

〔地名释义〕初拟设治于东境桦皮川，倭肯河北。故名。

〔沿革〕渤海以还，为纯粹之靺鞨人所居。黑哲，即靺鞨之音转，再转又为黑斤。沿江有辽代五国部普利斯幼卜尤古城。前清为不属佐领之黑斤人所居。宣统二年设桦川县于佳木斯。三年因水患移治悦来镇，今仍之。

〔形势〕清代自三姓以东，悉同瓯脱。县境濒江一面平原沃土，比年开道置邮，已成通道。音达木河满语，音达木，旺盛也。北注松江，佳木斯屯适扼河口，为江航之津埠。县南犹是万山重叠，人迹罕至，林业未兴，货弃于地。

富锦县，土名富克锦

〔地名释义〕富克锦，满语作富替新。

〔沿革〕自昔为靺鞨地，沿江有辽五国部越里吉城。对岸江省沿黑龙江有辽五国部郭里韦城。前清为黑斤人本部。光绪八年始设协领。宣统二年就黑斤人原建砖城，设富锦县治，今仍之。

〔形势〕沿江地尽平原。倭肯窝集之山脉《满洲源流考》作屯窝集。经县南东北斜上。境内山岭无多，可供耕垦之地，依兰以东，惟此为富。南带七里星河。满语，七里星，肉核也。中有昂邦河。满语，昂邦，大也。川原绮错，农利之饶，可以预卜。

临江县[18]，土名拉哈苏苏

〔地名释义〕拉哈苏苏，黑斤语，老屋之谓。设治顷以地当松、黑两江之汇口，故名临江。

〔沿革〕金为黑水靺鞨。明季为使犬部之黑哲喀喇所居。清光绪初，始由三姓副都统编土著之黑斤人即黑哲。入旗，分三佐领，抽丁供役。三十二年八月设立临江州治。宣统元年升为府，今改县。

〔形势〕松花、黑龙两江交汇，县治控制其间如键钥，然由此迤东，江左悉入俄领。是地更扼中、俄之边要，但无山岭依为险塞。沿江砂土淤积，厥田上上，惟交通梗阻，垦户星稀。县治东至二吉力与绥远分界，道路未开，中并有二吉力、街津口、大小横河，须架桥而渡。西至古城子五十余里，沿江已有人踏之荒径。县城汉民八十六家，黑斤人十三家。十年生聚，期于未来耳。

附：松花江源流记

发源白山之北，其源有二：一为正源，二道白河；一为分源，二道江。二道白河出于长白山顶之天池，池水西北泻流八里半，忽中断，由地中伏流约八里，复涌出，是为二道白河之源。东北流一百八十七里，与二道江汇。源有二：一发源长白山；一发源老岭。自此以下，始为松花江之正流。西北行二十五里至西江口，与富尔河汇。发源富尔岭，凡大夹皮沟、古洞河悉为此水之旁流。又九里余，与头道白河汇。江流至此，仍向西北趋，时或南行。又六十四里，张三沟水来汇。又十四里，金银鳌河来汇。又西南流三十里[7]余，由是忽东忽西，直向北趋三百三十九里，而至吉林省城。又东流六里余，又东北流五里余，至吉省之东关。又西北行六十八里，为乌拉街。又三百零六里为新城县界，俄东清线陶赖昭车站在焉。以下江道浅滩延亘，长广里许者三五。又西北约二百里，为新城府治。又约六十里，而北纳嫩江，自陶站至此，询之帆船篙工云：二百六十里，又云三百里。因行旅由站逐乘汽车往哈尔滨，鲜出此途，无从得其实在确数。江自此忽随嫩江流势东折，成三角形，内为新城界，江外皆蒙古地也。江左岸为塔胡灵木昭，皆内蒙古郭尔罗斯前旗界；右岸有广福昭等喇嘛庙，皆后旗界。东行二百六十里为哈尔滨。此段河流为一百三十俄里。一俄里差合法量启罗迈当约二华里，准此折合[19]。

又东北行六百七十里至依兰县。由哈东行二百八十里为新甸，系南赴宾县口岸。由新甸再东北行二百四十里为德墨里，系南赴方正县口岸。再东行百五十里，即依兰县治，旧为三姓城。又东北七百二十里为拉哈苏苏，即临江县治。由依兰东北行一百九十里为佳木斯，前桦川县设治于此。又四百里为富锦县。又一百三十里至临江县。江流至此，与黑龙江并合为混同江，其交汇处名黑河口，在府治东十二里。松花江至此为止，源流计二千七百九十里。江自汇合黑龙江后，其势益北折，行五百八十里，至绥远州境东之通江口，而南纳乌苏里江，有伊力戞山绡毂两江之口。再东为耶字界碑，即中俄分界处。

绥远县[20]，土名伊力嘎

〔**地名释义**〕地当东三省东北之极边，故名。

〔**沿革**〕唐渤海时代渤利州境。金后与临江同。清宣统二年三月设立绥远州，今改县。

〔**形势**〕县境三面临俄，扼乌苏里、混同江之口，中俄耶字碑所在。国家版图，东北尽此。县治在伊力嘎山东北，荒陬乍启，气象单寒。县城商店二十一家，汉人十二家。今年垦植会专员调查，县城西阻浓江，东碍哈汤，交通殊困。勘得牛马处克勒木山中间有横冈一道，气势团聚，且与俄领伯力城遥对，东道直通，将来有移治之必要。然侨居伯力华商，困俄苛令，伯力为俄属阿穆尔省都会。东距县百七十里。久思迁市，诚得其人招抚之，不独农垦，抑商业地理必争之点。乃主权放弃，国界日蹙，固圉实边，已难一日缓矣。清咸丰以前，混同之北[8]，乌苏里之东，均我版图。只因无人过问，听其所为。至咸丰十年[21]结割地条约，当即以两江为界。竖木质界碑于混同江南岸日奔沟地方，是处固控制两江天然界划也。后俄人乃私移于乌苏里江斜向西南之青牛河，北顾犹在江右也，是为第一次。嗣又越江，沿岸而西移于乌苏里江左岸之包宝山，复将山凿平，而木质界碑并已抛失，是为第二次。然包宝山犹在松花江沱流之东，距通江尚远（通江地形详前卷）。乃光绪十二年（1886）二次勘界顷，俄遽饰词欺弄，误通为同，指通江即为混同江，因另立石质界碑于通江东四里余。数十年来江水冲激，堤岸塌陷界碑行将倒入江心，俄更乘此又移植于通江西岸之高阜。用红砖砌礅，即现在之界碑是也。碑长方形，高七尺，宽三尺二寸，厚一尺。一面镌"耶字界碑"四字，旁镌光绪十二年四月立；又一面则作俄文之E。而江岸下，界址尚存，木桩痕俨然可认也。对岸俄屯译音郭查，即歪彼重镇也。

饶河县，土名挠力河

〔**地名释义**〕满洲语，禽鸟众多地曰诺罗。汉音转为挠力，设治时又因谐音生义名之。

〔沿革〕明初为奴儿干都指挥使所管之呢吗河地面，后为渥集部之诺罗路。前清《开国方略》：天命元年（1616）八月招取南岸之诺罗路及使犬部之音达埠路是也。音达埠即音达木，今桦川县境之河流。清初以还，为三姓副部统所属黑斤人所居。宣统二年创设饶河县，今仍之。

〔形势〕县治扼挠力河口，被山临流，适居乌苏里江中点。东北至绥远三百余里，沿江有横冈，冈畔多腴土。西南赴虎林四百余里，河渠纵横，绝无蹊径。溯河而上，航途颇畅。由河口至乌尔根德可驶小轮，再上通密山，富锦界，能行风船。设险置防，可与绥远形势互为犄角。移民开垦，可供边徼储胥，厥田饶沃。惜濒江民人，但效黑斤渔鱼惯习。内惟鯿江碴子农事渐兴，而扰于边氓。东边有一种游民，传食农屯，斗狠犯法，盘踞累月，不敢稍忤。此风以饶河为最。且齐勒钦[9]，最大林区，而弃同榛莽。齐勒钦亦作七里星。

虎林县，土名呢吗河

〔地名释义〕呢吗，满语山羊也。七虎林河，满洲语本音作希忽林河。县治在河之左岸。

〔沿革〕明为呢吗河、木伦河地面。明季在乌苏里江东为奇雅部，江西为木伦部。《满洲氏族源流考》：居乌苏里江两岸者，木伦部，又东二百里居尼满河源者，奇雅喀剌。考：木伦河即今穆棱河，源流俱在江左。尼满河即今呢吗河，源流俱在江右。所谓两岸曰木伦部之说，其义欠通。前清咸丰十年以后，江右地已悉割畀于俄。清宣统元年设呢吗厅，旋以呢吗河皆在俄界，名实淆舛，二年改名虎林厅，今改县。

〔形势〕县治东临乌苏里江，交通大势已折入俄境，我界转蓬葆自封，由县治过江，适当呢吗河入江之口。溯河即至乌苏里铁道伊曼车站。委为盗薮。沿江冈峦起伏，凿冈为井，苦不得泉。冈畔时虞水溢，故哈汤独多，足碍行旅。江岸森林不成片段，迤西自阿布沁河；至外七里星河与饶河连接，乃得大林区焉。但设险守国，此为要塞。吾汉族踪迹至此最早，县署西南有关帝庙，榜题嘉庆己巳[22]重修，是至近汉人居此已有百余年。而至今垦民绝少。

密山县，土名蜂蜜山子

〔地名释义〕蜂蜜山系汉族移垦后之名称，县治在山南。

〔沿革〕渤海湖州地，辽仍之。《辽史》：湖州，兴利军，刺史。渤海置。兵事隶东京统军司，统县一：长庆。明为松阿察河地面。前清光绪三十四年创设密山府治，设治顼官署报部铸印，原作蜜山；印文颁到，乃改作从山之密，遂仍之。今改县。

〔形势〕县境林县西南秋皮沟、上掌、黄窝、青沟岭皆为极大林区，省东称最。矿、兴隆沟金矿。渔、兴凯湖以鲫鱼为特产，近人称为鱼海。虞，以花鹿、康达罕为特产。皆复绝东边，农利饶沃，并于三姓亦称上腴。古董林内，原隰高下，水草丰美，又天然之牧场也。县治阻山带湖，两面临俄，最为形要。他日河航疏凿，灌莽辟除，声援四接，自成大邑。惜乎南境被俄潜侵，不亟实边，曷以固圉。湖西喀字界碑（即俄文K）在白绫河流域，被侵情形另见后。湖东为亦字界碑（即俄文И）。湖水由此注入松阿察河，行至倒木沟，汇于乌苏里江。当咸丰十年，河南地被俄占有，遂划河为界。树木质牌于小龙王庙地方，后水涨冲失，庙亦坍塌。至光绪十二年勘界，欲在原处置碑，俄乃坚拒，终于退让，立在河口北二百余步。碑以六尺长，淡青石制成，厚一尺，广二尺。

东宁县，土名三岔口

〔地名释义〕始设厅治，由宁古塔城析治于此，因名东宁。

〔沿革〕渤海为率宾府境，金属恤品路，明为绥芬河地面，置率宾江卫。前清光绪三十三年设绥芬厅，因地僻道阻，侨治宁古塔城。宣统二年析境移治，改名东宁厅，今改县。

〔形势〕东清铁道东至交界驿，出中国界，土名五站，出界后，又经车站五，至双城子与乌苏里铁道接。县境绾其口，实商业交通之衢路。顾东面邻俄，界碑从帕字至我字（俄文 по）有湖布图河之纵流，为天然界线。由此至那字（俄文 H），山岭绵亘百数十里，遂悉凭封堆记号，而日忧侵逼。近年严禁种烟，奸民相聚界上，广植罂粟。为避中国官府之禁令，将记号日向西移。纵界碑不徙，而界线已如弓字形。即此暗中失地，已是无数。他日界碑一徙，恐更酿难解决之交涉。境内山林甫辟，民尽新迁，农矿亦正萌芽。万鹿沟产金；新垦田亩在大小寒葱河。

穆棱县，土名穆棱河

〔地名释义〕穆棱，满洲语本音作摩琳，马也（达罕马驹也），古为产马之区。

〔沿革〕金为女真别部。《世祖本纪》：拉必玛察据穆棱水，使阿里罕往抚之是也。明设木伦河卫（史作毛怜卫），清初仍称木伦部，宣统二年设穆棱县，今仍之。

〔形势〕穆棱河中贯县境。东清路线横午东西，河航陆转，行旅四通。惜北赴密山：水行，苦于流曲而礁巨；山行，隔于青沟岭之奇险。上下七十里无汲水处。交通趋势仍为铁道所夺，幸户口渐繁，农利殊厚。苟能山川开凿，生聚发达，材木、采自桦川河。粮产，沿河田亩多已垦熟。沿河下驶，灌输国外，尤大利所存。穆棱河口，隔乌苏里江，距呢吗河口仅三十里。俄人现在购粮，悉资三姓、德墨里一带。此水畅行可径运俄东海滨省内。

珲春县，土名珲春

〔**地名释义**〕满洲语珲春，边地之义。

〔**沿革**〕金乌库哩部。《穆宗本纪》：图们、珲春水之交，乌库哩部与率宾水部起兵，太祖往攻之，抚宁诸路。明珲春卫、密札卫。今属德惠乡。清初为南荒围场。伊通州南为围场，再南为奉天围场，又东[10]始为山兽滋生之所。即珲春、延吉地也。康熙五十三年始设协领，管辖捕獭牲丁。光绪七年增设珲春副都统，宣统元年裁，设珲春厅，今改县。

〔**形势**〕珲春为吉省南东门户，倚山、控海、临江，本四塞之区。自咸丰十年割图们江下游左岸界俄，自沙草峰至江口悉属俄。海疆既失，此一线咽喉犹不能与邻共，江右向属朝鲜，割地后，江口两岸俱非我有。因是形胜全亡。而一省之商业、军事、交通，亦胥失其势。今县境三面密迩日、俄，东以土、萨、拉、帕四界碑为中俄界。褊浅暴露，难语国防。农田垦辟，多在珲春河两岸，上游又为白山东干穆克德亨余脉所环带，鸟道仅通，祗台站所经作东西孔道，而大盘岭巉岩横阻，尚为畏途。冬季常假道韩境钟城、偏脸城。

延吉县，土名延吉冈又名南冈，即南荒之音转。

〔**地名释义**〕延吉冈名称始见设治时之章奏。或云系越垦韩人所名。

〔**沿革**〕金置海兰路总管府。明锡璘卫、即今细鳞河，在县西铜佛寺站南。布尔哈图河卫、爱丹卫。今布尔哈图河、海兰河汇口，有艾韦甸子，即此。清为南荒围场地。光绪二十八年设延吉厅同知，宣统元年升为府，今改县。

〔**形势**〕县居长白山正东，白山东出之穆德亨干脉又作温德亨，促音为盟温。满洲语，祭祀之所也。障其北，东出之图们江带其南。县境倚山面江，实为东麓一大平原。并和龙而言。河渠横午，农利倍饶，表里河山，形险自固。前清之季，尝视为国防要点。正恐东道不通，图们江流域将成瓯脱，西撼白山北麓，松花江之上游失，北下敦化，吉省东半可断隔为二。庚子年拳乱，俄军由珲、延进兵。径至吉林，长驱西上，莫能阻遏。谈吉林边事，故首数及兹。缘珲春之险隘早亡，见前。进图其次，不得不为重成。然今韩侨纷来，嚣宾夺主，门户开放，情形又一变矣。今延、汪、和三属居民十九万人，韩人占十五万人。

汪清县，土名百草沟

〔**地名释义**〕县治东有大小旺清河。满洲语本音作旺钦，堡垒也。前清时音义附会，改钦作清。奉天兴京东有旺清边门，音义同此。

〔沿革〕明阿布达哩卫。今县治西，绥芬河上流有地名东沟，即该卫故地。清初库雅拉部钮呼特氏居此，为世管佐领（今大坎子地方）。宣统二年析珲春、延吉，境设汪清县，今仍之。

〔形势〕图们江屈曲东流，如几字形。县境临据其上，东翊珲春，西卫延吉，隔江与韩国稳城相对。会宁、茂山、庆兴、庆源、钟城、稳城为韩国沿江六镇。但农利方开，已成韩人唯一之移垦地。户口统计，韩人约占六十分之四十五。扼图们江下游一面之险，无当于东边全局。从图们江下游，转向珲春北进，县境当其冲。但江右悉属朝鲜，军事地理实重在上游。上游西北可径趣省垣，汪清遂无险临足守。

和龙县，土名和龙峪又名大砬子。

〔地名释义〕和龙峪名称，始见光绪十年（1884）吉韩通商章程内，或谓系越垦韩人所名。

〔沿革〕明赇金河卫。《明史》：永乐五年（1407）置赇金等五卫，以部人克成额为指挥。考：赇金河即赇吉音河，今名阴阳河，在县治西，与奉天安图县交界处。清光绪十年开放和龙峪，光霁峪，西步江为中韩互市地。二十八年设和龙峪分防经历，属延吉厅。宣统二年改设和龙县。今仍之。

〔形势〕图们江环带南东，上控小白山之江源。中韩国界河流，绵亘县境六百余里。盖吉省东南形势属于延吉，实先和龙，以近接北韩，而障其外也。北韩军事地理根据会宁，逾江北进，县治当其冲。他时吉会铁道既成，必更握交通之枢，为满、韩之纽，现在会宁至钟城，日本修有轻便线。此形要之在东路者。长白山脉横隔满洲，近古以还，南道久废，由奉天围场（即今海龙县）出安图县斜沿古洞河以达和龙，俗呼盘道山。现移垦民人，颇多出此道者。在甲辰岁（1904）[23]，日俄交战，日本并修有军用电线，溯图们江转出长白山，南沿混江至安东县。及丁未岁（1907），日本又有与韩氏合修夹皮沟、古洞河大道之议。盖此道从古为交通衢路。明季清初犹有兵事关系，及前清雍乾以后，划定从柳条边东出悉为围场禁地，乃举千里奥区，委为榛莽。然方今东省进化趋势，此道已有随刊之必要。一旦开辟，惟和龙司其锁钥，可以短缩吉、奉之距离，转移南满之地势，此形要之在西路者。

额穆县，土名额穆赫索罗

〔地名释义〕额穆赫转音为俄摩贺。满语，水滨也。索罗，满语，十人拨戍之所也。

〔沿革〕元为开元路、海兰路分界。张广才岭东为海兰路，硕达勒达女真遗族所居，岭西概属开元路。明为斡朵里卫、秃屯河卫。今名退抟站。明季为爱新觉罗之本部，后役属于乌拉部。清太祖五世祖肇祖时迁居建州右卫赫图阿拉地方（今兴京县），是地遂为满洲别部所据，称鄂谟和苏鲁路与赫席赫路、佛纳赫托克索路，同称窝集部，附于乌拉。万历三十五年（1607）清太祖命巴雅喇攻取之，尽有三路。清初设佐领，管辖台站旗丁。宣统二年设额穆县，今仍之。

〔形势〕长白山西北山脉起顶为牛心顶子、穆丹岭、富尔岭。桦甸、敦化界。至县境乃气势团结，色齐窝集纵贯突高，即张广才岭，逾岭迤北又分两脉：一东北入宁安、长寿为蚂蜒、毕展诸岭；一西北入舒兰、五常为玲珰诸岭。俨然作省东天险，足以钤束南东诸路，而岭南北诸水俱为江河之源。北麓拉林河出焉。南麓之东，朱尔德河为牡丹江之旁源。南麓之西，拉法河入松花江。四面挟建瓴之势，驿路自省东出，逾越两岭，县治适绾其东口，亦颇得形要焉。

敦化县，土名敖东城 又名阿克敦城。

〔地名释义〕敖东，满语本音作鄂多哩，又称阿克敦。设治时语音附会，因名敦化。

〔沿革〕渤海建州。元置斡朵里万户府。明初设建州卫。清始祖觉罗部贝勒居此。清初同为额穆赫索罗佐领所辖。光绪八年另建城于旧城迤西二里，设敦化县，今仍之。

〔形势〕控牡丹江之源，境内河渠纵横，毕注于江，沿流而下，足夺宁安之险。论大陆交通，东南一面复当延边之冲。但地势稍偏，必合额穆而成军事区域，方臻雄固。前清之兴，自攻取三路后，见前。始剪乌拉之翼，兵力乃极于扈伦四部。近年吉省郡县开辟，县境设治较先，故生聚日繁，农利已启，使异日南通桦甸之道畅行，则利吉奉之转输，企围荒之实业，地理关系或以迁变而弥重欤？西南越牡丹岭，沿古洞河跨头道江，沿濛西江进，处处与奉省接。

磐石县，土名磨盘山

〔地名释义〕县治北，山顶有石如磨盘，故名。

〔沿革〕金回霸路之尼玛察部，后为回霸国。《金史》：尼玛察部人旺吉努筑城回霸河边，因号回霸国。明为扈伦族之辉发部。辉发，即回霸音转。清初南境属奉天围场，光绪八年设磨盘山巡检，隶伊通州。十三年裁，设州同知，二十八年改设磐石县，今仍之。

〔形势〕境内山脉横断，特无奇险足凭，而旅行殊阻。西南孔道俱达奉省，而不为要隘。洞水苦寒，居民时患拘挛。县东诸小水流域。山薮藏匿暴人，疲于守望。惟地方开辟，已逾一纪，生聚繁庶，省南称最。金属之矿，俱有发现，松咀岭之铜矿，尤成绩卓著焉。

桦甸县，土名桦树林子

〔**地名释义**〕县北有桦皮甸子地名，因以名县。

〔**沿革**〕金为赫舍哩部。《金史》：赫舍哩部阻兵，普嘉努以偏师夜抵石勒水，击破之。考：水在今县南，下汇松花江。明为法河卫，在县西。后属白山国之讷音部，县境南扼头、二道江之汇口，时称大小讷音河。亦称额赫讷音之野。清初概属封禁地。康熙十六年后，长白山升祀，四周千余里间，移垦、刨参、采珠、伐木，悉在禁例。是禁地，西南与奉天二十四围相接（今海龙、东平各县）因又恃为山兽滋生之所。清同治间，韩氏效忠始启山林。光绪三十四年创设桦甸县，今仍之。初设治县西辉发河北官街，翌年移治于此。

〔**形势**〕地当白山之阴，北干丛山，沿二道江西走，至汇合处，天然襟束。大江北流贯彻中心，两岸平原展阔，农垦适宜，而气候殊温。山川独秀，宝藏珍奇，充溢山泽，尤县境与濛江所擅有焉。江流：东纳蛟河、漂河；西受辉发河，是利在航运灌溉者。沿古洞河右岸为白山北麓之要道，是形胜之在东南界上者。

濛江县㉔，土名二道江

〔**地名释义**〕濛江，满语为恰库河。源流有三，至县治北纳珠子河，下汇头道江。

〔**沿革**〕金为舍音水之完颜部。《金史》：完颜部，契丹时有五。明鄂尔珲山所。即那尔轰之音转，山在今县北，与磐石接界。明季同属讷音部。清为封禁地，光绪三十四年创设濛江州，今改县。

〔**形势**〕地当白山之左，北出之费德里、鄂尔珲山脉适环带西、北两面，故境内之水尽东流。川原奥衍，气钟河山，百物瑰蔚，林泽之利，已冠绝吉省。西道所通，遥接鸭绿江上游，足以控扼奉省东边。东顺讷音河北下，更据松花江之旁源。言地利，为神皋奥区；言地势，抑又四塞之国也。满清始启封疆，先并白山之国二，鸭绿部、讷音部，在万历十六年。遂能蚕食海西诸部。故虽叶赫梗于西，而松花江左右已尽兼并，当年此地固行军之要道矣。

注释

①今为1914年，五十三年前为1862年。

②即伊通河。

③明永乐为1403—1424年、洪熙为1425年、宣德为1426—1435年。

④阿什哈达摩崖，在吉林市东南15公里，吉丰铁路隧道南侧面江绝壁上。全文为：

> 甲辰丁卯癸丑庙立
>
> 骠骑将军辽东都指挥使刘
>
> 大明永乐十九年岁次辛丑正月日甲兵李任记
>
> 钦委造船总兵官骠骑将军辽东都指挥使刘清
>
> 永乐十八年领军至此
>
> 洪熙元年领军至此
>
> 宣德七年领军至此

⑤交蜜峰，即今江密峰。

⑥拉发，即今蛟河县拉法乡。退屯，今蛟河县前进乡。

⑦大定为金世宗年号。1161—1189年。

⑧新立屯，即今长春市之新立城。

⑨东平，即今东丰县之旧称。

⑩奉化，即今梨树县之旧称。

⑪辽圣宗，耶律隆绪，983—1030年在位。

⑫金哀宗，完颜守绪，1224—1234年在位。

⑬新城县，即今扶余县。

⑭指双城堡屯田。

⑮哈尔滨为女真语，阿勒锦之音转，荣誉之意。参见哈尔滨市《地方史资料》第一辑。

⑯《松漠纪闻》的作者。

⑰即今延寿县。

⑱即今同江县。

⑲公制一公里不等于一俄里，原文有误。

⑳即今抚远县。

㉑咸丰十年（1860）《中俄北京条约》，俄国强占乌苏里江以东（包括库页岛）大约四十万平方公里的中国土地。

㉒己巳，即嘉庆十四年，1809年。

㉓甲辰，即光绪三十年，1904年。

㉔今靖宇县之旧名。

校记

〔1〕原文"遇实无可考","遇"字当衍，今删。

〔2〕原文"小山红梨"，今改为小山梨红。

〔3〕原文"的"，今改"后"。

〔4〕原文"凑"，今改"辏"。

〔5〕原文"末"，今改"未"。

〔6〕所谓汽车系指火车而言。原文"然"，今改燃。

〔7〕原文"三十里里"，后一里字为衍文，今删。

〔8〕原文"南"，疑误，今改作"北"。

〔9〕原文"具"，今改"且"。

〔10〕原文"南"，疑误，今改"东"。

鸡林旧闻录

高阁元 于泾 邢国志

李健才 撰

标注

整理说明

一、原书不分目，今加序码断为五目。

二、原书双行夹注，现改单行排印。

三、原书按语或原注，低正文一格，以示区别。

四、习见地名、人名、书名，俱不加注。

五、原书以宾为滨，以记为纪，以汇为会，以上为尚，以予为余，以合为和，以监为鉴，以辨为辩……随处可见。除义可两通者外，迳改为通用字。

六、本书扉页著录系民国二年出版。

鸡林旧闻录　凡　例

　　一、是编材料，由各县同志采访投函相告者什三四，余悉著者平昔所睹闻，随登剳记，兹特汇齐编次成之。凡所辑录，限于吉林省境，颜曰鸡林，志其朔也。

　　一、是编甄集之类别有六，如每类考订蕲于详备，谈何容易。况在吉林地理、历史，古无载籍，有同创述。著者之为此书，故不列卷目，聊俟他时修志，供一二参考，并以示不敢比于作者。

　　一、地理之学，第一在确。凡历史、风俗、人物、金石之类，俱可消纳于人文地理。顾文献既不足征，踪迹复不能及远，但凭口耳讯闻，必多讹舛。是编偶有疑误，辄不惮四五易稿，然有待商榷之处犹多，俟诸续版时修改。

　　一、前清著录之《四库全书》，凡明人撰述关乎吉省地理类者，概予删弃。故康、乾以还，地学巨子辈出，独《柳边》《松漠》无有能说山川者。现在绝塞沟通，当代名流必能仿《元和郡国》遗意，成一鸿编，饷贻学子。是编特抛砖之助尔。

　　一、是编着手去秋，同乡谈小莲君助予搜辑，继因分类编纂，浩博繁衍，惧难卒业，便尔搁置。冬间，谈君去吉，则又变易前例，费半年之力，编次始竣。

鸡林旧闻录（一）^①

武进魏声和劭卿辑著

前清咸丰八年^②，奕山与俄督巴拉诺夫订约，始失黑龙江以北、兴安岭及乌得海以南地。在东境一部，订明乌苏里江^[1]东至于海，其间作为两国共管之地。约文含混，诚世界万国所无。咸丰十年^③，奕䜣与俄使伊格那替业夫再定界约，则明言乌苏里江、珲春河、图们江以东地割界矣。翌年，满员成琦，遂有照约分立界碑之举。逮光绪十二年^④，吴大澂^⑤勘界，与俄使喀咱切巴把诺夫，重行商定，即今日之国界是已。计自图们江左土字碑起，至白绫河口喀字碑止，共立九碑。江口耶字等碑不在内。其土、帕、倭、那、啦、喀六碑，为咸丰十一年^⑥原有；萨、拉、玛三碑则是次增置者。而土、倭、那三碑，亦均略有更易。吴大澂时赋诗，故有："一寸河山尽寸心"之句。所勘交界道里，凡分六段：自图们江下游土字，至长岭之天文台为第一段；再至蒙古街之啦字为二段；再至瑚布图河口为三段；再至那字为四段；再至玛字为五段；再至白绫河口之喀字为六段。每段各为一图。又于六段间增立记号二十六处。此东界割弃之大略也。

俄人侵略远东，抚有西比利亚土地，尚在前明之季，其前为元成吉斯汗子拔都之后裔占有。自月马攻破库程汗之都会瑟毕尔元裔遂衰，悉毕尔，今俄领拖慕司科也。西比利亚名称，即瑟毕尔之音转。当彼罗马诺夫皇统开创之世，今年俄举皇统创立三百年纪念，今皇尼古拉士第二，为第十八世君主。藉大盗月马之力，得奏成功。其后，俄将喀巴罗甫继起，又略地东方，筑雅克萨城于江岸，仍未能逾混同江南下。及咸丰四年^⑦五月十三日，俄将摩力摇夫，猝犯我黑龙江北海兰泡后，又横行而东，击并旁部，我吉林东边藩卫乃才决裂。故阅四年，即愚弄奕山、奕䜣，有一误再误之约。俄人乃急起直追，遽驻固毕那托尔俄都督名。于东海极边之奇吉，继迁庙尔，三迁伯力已在光绪十年^⑧。便令摩力摇夫充任，畀以显爵。大概我黑龙、混同两江以北地，丧自喀巴罗夫之手；乌苏里江以东地，则被攫于摩力摇夫。现在俄人即名伯力曰喀巴罗夫，并铸像于伯力江岸；一手持地图一束，一手指江流，所以铭其攘我江左之功也。又从前松、黑、乌三江，俄以兵舰三十四艘编成远东独立舰队。内有一艘即名"摩力摇夫"，最精坚，岁修并有特别费，至今未替。则以表摩力摇夫吞并吾吉林东土之烈也。此东界被侵之原始也。

前清光绪癸未、甲申⑨时，俄人拟修铁道通我东省，其谋已亟。闻最先计划，拟由恰克图通张家口，以拊我京师之背，旋为蒙王梗议而止。继拟由海兰泡通伯都讷，接奉天。又拟由瑷珲入境，经富克锦站，斜抵图们江。此线意在钤制东洋，堵截日本之门户。又拟顺黑龙江东岸至徐尔固，又顺松花江北至伯力，再沿乌苏里江东岸至海参崴。此计划线即今日阿穆尔、乌苏里两线也。查阿穆尔铁道，现方著手，预定一九十四年俄历五月告成。乌知其计划实发生三十年前也。晏子曰："为者常成，行者常至。"俄人开拓远东，基厚势固，盖非偶焉。

乌苏里铁道，创于一八九二年。今俄皇尼古拉斯二世时犹为太子，曾来远东，于途次手掇一石以行开工礼，阅五年竣工。一八九七。其自尼古拉斯双城子至波克拉尼起那之支线，则又后二年始竣。此路桥梁工程最巨，如利浦河、伊曼河、毕克河、克雅河、哥尔河。桥长有七八百尺，短者亦达二百五十余尺。伊曼停车场并有支线通至江畔革拉夫斯克，冬季橇车之出发点也。

前清光绪十二年⑩，清廷派吴大澂以勘界名义来吉。因咸丰九年、十年两次与俄结割地之约，将乌苏里江以东尽界俄人，俄又任意侵入。吴莅东后，勉强争持，于图们江下游黑顶子南，建土字界碑，为南境分界之起点。因仿伏波故事，建铜柱而刻铭其上曰："疆域有志国有维，此柱可立不可移。"⑪今已为俄人迁入伯力俄名喀巴罗夫。博物院，作陈列品矣。

土字碑为最南一碑，由此而北，而东北，自绥芬河，傍兴凯湖，迄松阿察河止，凡界碑大率建于岭上。从前官吏，初不知国防为何物，俄人暗窃潜移，界线遂半非其旧。俗谚故有"马驮界碑"之语，伤己。

混同江东行，乌苏里江自南来，汇为曲尺形。而两江会口之西、混同江南岸，又歧出一流，斜向东南，入于乌苏里之正流，中间一地乃成三角形，土名通江口，中俄耶字界碑即在此。照咸丰十年旧约，界限实在伯力之对岸，不料俄人明占潜侵，西进八九十里。故现在自通江口以下，南北岸皆非我有，渔樵行旅反向俄纳税。我商民不得已，凡乌苏里江之航船，恒于此舍舟登陆，绕越通江口，出伊力嘎山右，而回航于混同江。查乌苏里江，为中俄天然国界。今彼不以正流，转以通江口之沱江⑫为界。我倘据约力争，未尝不可挽回。然将近通江口处，两岸山势环拱绥远县城，犹得为第二重门户焉。

伊力戞山，不高而秀。乌苏里江自南来，汇合于黑龙江，远远环抱。现绥远县治，即设山上，颇得控驭之势。其农利为冱寒而稍薄，多艺瓜蔬。缘东距俄国东海滨省会伯力，仅百四十里，俄之固毕那托尔驻焉，种售颇易获利。山之东面，有名马牛处者，俄人于此凿石并樵采草木，而纳税于吾官署。年只羌洋万余，且须往伯力征收，亦丧权之一也。此间民气淳厚，外邻国而内同胞之意，隐然可见。缘密迩俄土，彼中苟虐我侨民，征税繁苛，激刺已久，吾国于此，向直视为弃地。比来开荒设治，稍稍拊循，故爱国思想人人皆切。年前设治初，丈放街基，伯力华商争来领购。更因伯力俄税太重而物昂，群愿于此为商货积贮之所。他日诚能徕商兴垦，前途发达，盖未可量也。

伯力，即唐之勃利州地，今俄竭全力经营，已成巨埠。五十二年前，其地犹是一片荒漠，仅有鱼皮鞑子五家居之。今兹五家亦在侨民之列，其老者尚存，每与人道当年景象，谓弹指楼台，真如梦境也。

俄省伯力，据山之巅，下扼两江，山坡起伏。最前曰南冈，俄督署建焉。次曰中冈，次北冈。最后地曰下衡，华侨向不及万人，近被驱逐，已不存半，悉居于此。全埠共三万余人，俄人居十之七，而平时俄兵乃有万余。有博物院，壁上挂赫斤人[13]器物，不论精粗，无一不具，并肖其男女形态而衣之以衣。其留心于赫斤之风俗习惯，盖又如此。

自乌苏里江以东，迄乎东海，皆俄国沿海滨省。其间大埠，除伯力外，若双城子，若王宝山、俄名倭子德为仁斯科。沙河子、俄名果耶夫克。快当别，俄名图力洛克。南抵海参崴，几及百处。三年前，华侨统计不下十万人，皆勤苦企业，不携家室，尤以娶俄妇为戒。有大半至冬季辄携一年积赀而归。山东人最夥，直隶永平等地人次之。由伯力愈向南行，垦地愈辟。平原村屯、牧场、果园，位置井井。此地割界于俄仅五十二年，而已为俄远东宝库。缘有铁道，利便交通，奖导垦植，积极进行故也。

舟行混同江，辄见我境南岸木桴如山，宽里许，长及四五六里者，连续不断，悉以供俄国汽船之用，皆领票砍伐者也。刻自哈尔滨下驶至伯力、海兰泡俄名布喇郭威什臣斯科。之俄轮有四十余艘，无一非以爨薪代石炭而取给吾土，沿岸森林垂垂尽矣。乃一至俄境，沿乌苏里铁道南行，则林木蔚然，四山浓绿，不但天然林特施保护，且造林区亦正发达。故俄轮行经绥远，必广运岸傍之积薪，恒至船中插足无地。缘过此便入彼境，当备往返之需。闻东清铁路需用更增十倍，诚恐我北满自古留遗之良产，不及数年，欲寻所谓"窝集"之胜，概渺难再见。

虎林县，当乌苏里江流域之中，旧名呢吗口厅。其实呢吗河全在俄境，只对岸河口适当厅治耳。二年前，以名实混淆之故，始改此名。考大穆稜河北，有七虎林河。又北有山，今厅治即在此山之上，<small>山下土名下水牢</small>。河流环带。对岸俄境，亦有一山，临江下瞰，形势与绥远之伊力戛山极似，沿江山脉蜿蜒，此焉结聚。惟由此北赴临江府治，南往密山，跬步必假道俄境。我界垦户星稀，山深道弗，以故客行至县，如须他适，必仍横渡江东，溯呢吗河行十五里，至俄站而后，征途分南北焉。由站南行五百四十里，为俄站双城子，繁盛为伯力之亚。凡赴密山府者，多由此下车，反折向西北，从陆路绕出俄境三百里<small>快当别西十三里</small>，为中俄分界。入我界，又鸟道七十里而至密山。设治已及四年，土人名其地曰蜂蜜山子。县境南以白绫河为国界，河小如沟，秋令犹浅涸，至无可辨认。从前界线在河南五十里，当兴凯湖之正中，而南北分划。湖西有勿赛气河卡伦为识。及后卡伦废失，吴大澂勘界至此，乃立喀字界碑于快当别地方，缩进五十里而为今界。然白绫河外约三四里，尚有小河一道。今之界线更移在小河，俄又强占我三四里焉；而界碑复被潜移，即湖东龙王庙地方之亦字界碑，亦屡盗易，湖之分界遂以两岸喀、亦两碑作横直线计，湖床之为我有者，仅在北端三之一耳。五年前拟设之临湖县，即在湖东之龙王庙镇，亦字界碑处也。

兴凯湖东，有俄屯名红土崖。当俄人乌苏里铁路未成前，凡由江入湖之商货必汇集于兹，故华侨亦繁。近形势已更，湖中俄轮年仅开行四五次。

从俄境入密山之道有四，均约四百里。一出虎林县，从东北而西南。一溯穆稜河，则自西南至东北，然蚕丛曲径，非向导不行。若由俄境乘汽车，一出双城子，<small>里程见前</small>。一出东宁县界外之四站，<small>四站至密山二百九十二里</small>。则程途较近，道路亦坦，故行旅往来靡不由俄境者。国权地利，殊为两失。顾研究虎林与穆稜两路，荒僻胥同情形，仍有稍异。穆稜为东清线所经，近边而势接，虎林乃滨临乌苏里江，倘径向西南凿山通道，限于丛岭，非易观成，如绕出江东，则仍由俄境，故不若穆稜为便。年前，官署曾发卒开山，奈梗于半道青沟岭之奇险，上下七十里，水泉俱乏，不终役而罢。刻又有议踵事者，然此道果通，实开吉省东边之门户，爰止招垦通商，沾溉利益。

密山县，十年前一荒徼耳。县治当兴凯湖之北，穆稜河之南，面山背河，南行六十里即为俄界。是河源出穆稜县老爷岭之北麓，东北入乌苏里江，长千二百里，亦东边巨川也。县治适扼全河之中，上下各五六百里，如资以交通，亦甚利便，<small>治城外河宽七八丈、三五丈不等，河床亦深</small>，奈屈曲太甚，咫尺相望，绕行辄至数十里。上溯二百里，又有巨石蹲踞中流，行旅苦之。然一经疏凿，必大兴地利。缘下游入江口，北距虎林县仅三十里。刻俄人至我境采购食粮，恒在新甸、德墨里、三姓、佳木斯一带，浮松花、混同江而转出伯力。此间水道既通，则下驶虎林，过江便达乌苏里铁道，其迁捷相去悬绝。密山土质之美，甲于全省，每地一晌，岁收粮动有三千余斤。前清光绪乙酉[2]设治时，放荒已及三十五万晌。当招垦时，山中粮食悉仰给于外来，近年乃输出激增，农利日溥，洵塞外之上腴也。

俄国阿穆尔沿海滨等省，年来对我华人苛令频颁，身票限制既严，税捐又极繁重，是固显背一千八百五十八、九两年中俄条约"华人在乌苏里江东居处渔猎不得侵碍"之文。奈国势积弱，侨民劫于积威，今以身票之故，且被俄驱逐垂尽矣。考：俄沿海滨省一带，施行此种虐政，实始前清光绪十一年⑭三月，有俄奴文殿奎者，为虎作伥，乃遂作俑。先前吾人往来居留俄土，初不知有身税也。文居海参崴，倚俄横暴而粗识文义，俄官时用华文告谕侨民，皆文为捉刀，故益得俄人信用。至是乃教唆俄官，居此华人每名勒令取票一张，纳俄钱一吊充税；有官署出口护照者，纳三百文；商铺营业亦有税，较巨之商，年须纳二三十吊不等。始行于海参崴，继遂遍及各埠，无幸免矣。此亦吾国对外失败，历史上一重要之故事也。闻当时为伥于俄，以媚外起家者，双城子有孙福，伯力有纪凤台，红土崖有崔明善等，皆文殿奎之流亚云。

吉省东边，山深林密，燕、齐流民于农、矿两业外，厥惟采参、定碓、木营、菜营、棒椎营五项。是辈概可谓林木中人，俗呼"跑腿子"，亦呼"穿山沟"。往年踪迹远者，直迄东海之滨。近为俄人苛禁日严，猎采地点已不能出国境一步，生计亦因之缩退矣。采参棒椎营情况，具见后编。定碓者，设木为碓以捕牲，曰定碓房。木营则入冬伐木，春水时至，随涧水下山，编筏江口，乘之出售。菜营，系在柞木丛中伐树倒地，经年遍生木耳，掇收极易。而山中自生之药草，又皆副产物也。凡转徙山林者，随处因树为屋，夜或野处，爇火自卫，_{猛兽见火辄避}。往往膏虎狼之吻，坠岩谷丧命。而各山沟口，则已有筑房舍、兼务农业者。每沟俱推一头人，称"沟大爷"。数沟又公推一人，则曰"总爷"。有事辄用木牌传递，不写刻一字，而立可召集沟中人。扰及公安，可公议而惩处之，名曰"沟规"。

俄领海参崴，距双城子二百零四里，今已改为军港。地势向西南突伸，实一土股，乃扼黄海、东海之咽喉。我国割界于俄五十四年，竟成彼远东重镇。华侨向以此为聚点，今更苛政叠颁，冤苦无可告愬。华人房产价值，昔时百者，今仅一二，无非以人头税、货税、地税，重重束缚令去而之他。于是，华侨之存者，遂与房产价值同一比例矣。

三十年前，俄人奖励移垦，其贫者多在格尔必齐河伐木为筏，乘之而下，每家官给俄币五百元、牛二头，五年后缴偿。

混同江中洲渚，西南距伯力四百里。土名敦敦，有薙发黑斤种人之村屯。自此以下，若阿吉、若普禄、若乌洛图，俱蓄发不薙，两鬓修髯，大似日本北海道虾夷。以上四区域，各藏铜坛一器，视为重宝。土人云，先有贵族妇人以是充奁具。稽之前清戚史，每有宗女下嫁东海夷酋之事，其或此欤？

自伯力东北行一千二百余里，至阿吉大山。其间，沿松花江两岸居者，皆称黑斤，亦呼"短毛子"，共约五六千人，男女皆薙发。女未字者，顶挽椎髻，已嫁，则垂双辫，鼻贯金环，用布一幅，曰"勒勒"，自颈斜拖至膝，宽以掩盖两乳为度。腰以上，剪色布或鱼皮为花贴之，腰下用铜片圆径一寸及二寸许，共二十余枚，凿空如云纹，呼曰"空盆"，以次垂裙上，行则丁冬有声。黑斤语类满人，衣服亦悉如满制，喜紫色，袖束花带，宽二三寸，足著靰鞡，见后。以兽皮或鱼皮为之。自膝至踝，每剪色布或鱼皮为花。男子耳亦戴环，形质稍异。无文字，削木裂革以记事。不知岁闰弦朔，问其年，以食答抹哈鱼见后。几次为对。夏捕鱼作粮，冬捕貂易货。渔用网，用钩，所驾渔舟，名曰几喇，用妇女荡桨。捕貂用藏弩，貂行绳动则射，鼠、鹿、狐、獭皆然，百不失一。善睇兽踪，迹之必获。以数犬驾舟，形如橇，长十一二尺，宽尺余，高如之。雪后则加板于下，铺以兽皮，以钉固之，令可乘人，持篙刺地，上下如飞。游行栖止之处，用树皮或草为小屋，有安口、桦皮为之。搓罗、草葺圆棚。胡莫纳、桦皮小圆棚，夏令所居。麻依嘎、不薙发黑斤人所居，以上皆捕鱼之舍。傲笋、冬行晚宿之所，以树皮或布为之。阿吉㘷莽、行船晚宿岸边布棚。刀伦同上。等名目。家居则皆草房，有暖炕〔3〕。门沿大江，置晾鱼木架。得鱼则割为四片，曝之架，骨投狗食。不识金银，富者蓄蟒缎锦皮，以自封殖。族中酋长，则将先代所遗甲胄，长官所给告身，炫异过客，喜饮酒，醉，辄以示人。子姓卑幼，远行归，左执壶，右捧杯，劝其尊长饮。依亲属之近远，次第跪进一巡。再酌，则亲属各一沾唇，而后自饮。其尊长，旋以嘴亲其两脸。居恒亲故往来，以抱见为礼，见官长则跪拜。好吸烟，终日呼吸自如。无医药，有疾惟跳神祈禳。刻木作圭形，置炕头以祀祖、父。岁久，则送入林中，更刻木肖鸡、鸭、猫、狗形，或为人骑马形，置木匦中，藏于家，名额奇赫，亦曰搜温。冬入山捕貂，置于林木上，宰牲置酒而跪祷之。又范银或铅，为十余小人形，悬胸次，有祷祝辄为位而奠之。又刻木为熊、虎形置林中，遇吉凶事故，必抱置炕头，陈饮食品跪祷。既毕，仍送原处。又有刻木为人形者，名喀勒喀马。夏得青、黄鱼，或冰解烹鲜，则焚香名僧克勒香。陈时食，叩祷如前。此礼专称搜温。契丹有头鱼宴之典礼，当类此。

生子无论冬夏，概沐以凉水。最忌出痘，一屯偶染，合屯皆徙，或迁出痘人于林中，为胡莫纳以居之，_{见前}。愈而后归。此俗凡黑斤、奇勒尔、鄂伦春、济勒弥、奇雅喀喇，皆然。一乡一族各有长，不平往诉，辄集证人评其枉直。其法：杀人者死，余视事轻重，令讼不胜者纳服物以自赎，名曰纳威勒。既定，谳讼者及证人皆服，而后乡族之长以杖叩地三四，示无改易。否则再议，一讼动有牵宕累月者。

按：前清同治八年[15]，驻防珲春协领讷穆锦，以地方辽阔，居户星稀，曾派骁骑校博兴，往今之临江赫斤部（珲人呼为肃城大沟）。召来部众男女二百余。是人不改习惯，冬服狍皮，夏服答抹哈鱼皮，（珲人即呼此种人为答抹哈人）。拟编为旗籍。时值天痘流行，突然发生，死亡过半，半乃逃回，仅剩十余人居此，已四十年，户口亦无所增，习惯与本地人仍各不同，全恃捕猎为生。黑斤人何以患痘独烈，患者辄死，是亦生理学、医学上应研究之疑问。

混同江下游及东海沿岸，其间土著之黑斤族，以薙发与不薙发为大界划。薙发者，自伯力迄阿吉大山止，其习惯风俗既如上所述矣。此类种人，在前清定例，每岁酋长必至三姓副都统署献纳貂皮。自割隶俄国后，俄人常遣希腊教僧，蛊以妖言，又迫令改装。二十年前，华侨众多，习俗薰染，尚不易与之同化，而其间已有一二俄语、俄服，甘为虎伥者。近顷以来，世变势衰，已什有九不知曩年隶属中邦，此土之为戎索矣。不薙发之黑斤种人，自阿吉大山，顺混同江东北行，至黑勒尔地方，两岸居者共约二三千人，俗与薙发黑斤同，惟语言互异，通呼长毛子。男垂辫，染济勒弥人风气，多喜弄熊，向亦贡貂于三姓。又自黑勒尔以下，直至混同江入海口，共约六百余里，旧为费雅喀人所居，今则合鄂伦春、奇勒尔二族，统称济勒弥人。女未嫁者，椎髻垂背；嫁则合梳双辫，横束脑后。语言复与不薙发之黑斤不同，而鄂伦春、奇勒尔二族又各能操本部语言，与纯粹土著之费雅喀人有别，但无文字、医药，不知岁时弦朔。钱货废居则江东诸族固一致也。夏乘小舟，每至口外各岛，江沱海汊，冬驾扒犁至索伦河南，与诸种人为物质交换。每家畜犬数十，既赢老便宰食，而衣其皮，寒暑一裘不易。喜弄熊，呼曰"马发"，富者每以多物换致，习为射戏，亲朋远近聚观。其俗筑室既成或迁居，则射熊狗，江冰将合，出门行猎则联合为大祭。别射马熊，先食熊头于野，敬其长老，而后家食。食器用木研成，长六七寸，如舟形，曰俄边喀图；如钵形，曰柯当；小者曰木格苏。妇女惟食熊脾，天癸未净，避不会食。食毕，藏碗林岩中，不留于家，远不祥也，其食麻勒特鱼（见后）亦然。

混同江口外沿海岛屿，及江之下游土著，满语亦谓奇雅喀喇。英、美国人游历至此，常以重价购其衣服用具以去，为人类学之研究。

外兴安岭以南，黑龙江以东，恒滚河以西、以北土著，则为奇雅喀喇及鄂伦春二种人，善驭四不象，逐兽逾岭，捷如猿猱。今此种人大半已入俄国马队。四不象：蹄似牛，首似马，身如驴，角如鹿，此盖家畜与野兽血统混淆，循物竞进化之原理，遂成此特别之体状。故其性最驯，又善走，且不刍不豢，惟食石苔⑯。石苔，固寒带地方惟一之适宜植物也。需用，縶之使来；暇辄纵牧于山林，任其所之。近是种人并多被俄遣戍于小亚细亚毗连回部地方。至朝鲜人之侨居佣耕该处者，二十年前已一再追逐，勒令断发充兵，改装入籍。国权不振，凌践由人，初不待日本并吞，情状已惯见矣。

混同江海口一带济勒弥人，亲死，削木为像，略具口眼，衣以熊皮，食必以少许祭纳像口。妻丧夫亦然，增系一犬于像旁，胸次悬刻木小人二，有事辄祷。或刻熊、蛇、山魈形，有大祈禳，则延萨玛教⑰徒为跳神之术。萨玛教为东夷一种宗教，在昔，满洲人亦迷信之。（近人著有《俄国政俗通考》，混入鞑靼种中，殊讹错。）此教今日盖在松、黑、乌三江下游，南及朝鲜咸镜诸道，皆染此习。凡人患病，辄延男巫，亦有女觋至家，左执鼓，以铁丝贯钱数十，横系鼓之两耳，胁肩蹈足而行，援桴鼓之，使钱不相并，取其铮钹有声。黑斤等种不用钱，为易中品喜藏此物。腰围裙曳地，又以长带系铜铃、铁铛裙后，先喃喃作咒，旋作狐、鼠诸精魅，言能作幻人术，以利刃刺病人患处，甚至截作两段，刀出如故。吉林临江等处，亦有此陋俗。至黑斤地方，则先以数人作萨玛状，绕室行，一巫忽由炕跳地，以两足左右跳荡，作诸诡态，吃火饮酒，或索鱼头与狗血，任其意旋，以刃自拟其腹，数壮夫作势推之，皆作仰跌状。问其术，谓"搜温"、"额奇苏"诸神，喜跳荡为乐，久不跳便将为祟。该巫自言，能于密室中见星月。又以皮带长数丈，置壁隙，使壮者数辈，坚持其端，而墙外一端自蜿蜒出，外固虚无一人，其恢诡迷妄多类此。济勒弥人，垢秽尤甚，门前皆置晾鱼木架，夏月过之腥恶刺鼻。清初与苦夷即库页岛上人种。至阿吉大山上游、莫尔气对岸、桑乌林木城中，岁受服物之赏。由三姓副都统署，派旗员将事该族，名曰"穿官"，亦贡献所产貂皮等土物。据土人言：五十年前每年又渡海至西山国"穿官"，即以木城所受清官颁物纳之该国，该国则遣官至所居海滨，赏黄狐、水獭、白貂诸皮，彼此授受俱跪。黑斤、济勒弥人俱呼日本为西山国，至今尚然。亦至三姓城。自罗刹来，不许我等"穿官"，见土像即毁，弄熊辄阻，又强令截发，妇女畏怕尤甚，安得中国逐去罗刹，言下似不胜慨者。按此系三十余年前情状，今迥异矣。余谓济勒弥人与日本通使往还，谅其时桦太岛即库页。尚属日本，为俄以千岛强换以前之事，甲辰年⑱日俄战后，岛又半隶日本。故所言渡海者，即渡萨哈连海湾而至该岛耳。

俄领伯力以东，因拔纳斯科东北距库页岛五百余里，与阿勒干同为东海沿岸要塞。

迤南，同为奇雅喀喇地方。又有一种人，华人通呼其人曰"二腰子"。语言与黑斤、济勒弥又异，盖东夷之别种也。人数约四五千，削木以记事，男女均蓄发，从耳后垂两辫及肩下，用红丝束成椎髻，垂及乳际。其下，又以彩穗贯五色圆珠，陆离缤纷，自为美观。颈后复有彩线，横系双辫，有丧则解去。人死掩棺于土，婚姻由家长主持，其礼俗颇有华风。性更好洁，妇女月必有数日背人独居，其夫亦不与近。勤浣沐，嗜烟洒，多王姓、牛姓，自言系中国牛皋、王贵之后，避乱居此。皋、贵何人？不见历史，疑莫能明也。瑗珲城旁近，窦姓最多，自谓系窦尔东之后，亦迄未见记载。此可证南美墨西哥[19]荒徼发现沙镜、古钱，十余年前事，两字系刻钱幕者。西域敦煌掘得唐人写本，吾汉族文化踪迹之远到，自古然矣。

"二腰子"之一族，迷信萨玛祆教，一如黑斤。而巫术更神，能为吞刀吐火，吐蛇蛙于地，旋咽嚼无余诸诡状。是人善枪击、骑射，以盈把黄瓤木为弓，长五尺，用兽皮作弦，弛弦则弓直如矢。矢以一种蜂桦木为之，长如臂，镞长如食指。又以黄瓤木为竿，长七尺余，上置利刃，名曰"低答"，即短矛也。此木性劲直，故武器悉取材于此。能与猛兽角斗，独殪熊虎。济勒弥、黑斤等种人，俱畏其勇。冬令出行，乘类似扒犁之踏板橇车，逐兽如飞。顾喜与华人互市，性亦相近，盖乌苏里江左右各夷人，此为半开化之民族矣。是土割界于俄数十年，独此族人无有与同化者，俄人亦畏惮之，不令编伍易服。

按：以上所记边民风俗，多采自十年前或三五年前游客笔记、官中文牍，皆信而可征。特自前清光绪二十八年[20]，俄国乌苏里铁道告成，（此线系双城子接东清路交界驿之枝线，其干线竣工尚早四年，为光绪二十四年）[21]自乌苏里江以东，哈克斯肯之旷野，彼民移植，势如决堤。凡黑斤、济勒弥诸种人，日循天演之公理，渐即凌夷，存者又迫逐迁徙，已半入东北冱寒之区域。恐再阅数十星霜，人种地理学之研究，益无依据。第是种果犹仅存，其俗必无或改，只上述何地，为何种人所栖止，地点不能无移换。阅者要仍以河湟遗族，陷没戎羌，志痛当不以历史陈迹、异域记闻为比也。呜呼！噫嘻！

黑斤、费雅喀、济勒弥人，在今日吉林省东北边。自依兰以东，如桦、富、临、绥等属，皆有其踪迹。但血统多已混合，沿河渔鱼者，辄混称为"鱼皮鞑子"；其傍山林以居之猎人，则称之为打牲人，或漫称为打牲索仑，第以职业区别之而已。

自吉林改为行省后，旗务处曾筹划安插赫斤人之策：计口授田，十年蠲其租税，使之生聚。据旗务处之调查，在富锦县城，赫斤人当清室初年，有四百余户，三百年来仍不加多，以所生子女多半死于痘疫，生活上太猥陋故也。

吉林省之土著，除八旗外，大抵山东人居多。百年以来，清廷政令解弛，佣工或挖参者先后纷集，日增月盛。凡劳力之人，几于无地非山东人也。其来时，肩负行囊，手持一棒，用以过岭作杖，且资捍卫，故称之为山东棒子。最奇者鱼皮鞑子，以不通语言、不谙交易，每一鱼皮鞑子之家，必用一山东棒子，谓之管家人。一切家产皆令掌之，并占其室，不以为怪。

　　　　　按：我界之黑斤种人，四年前调查：桦、富、临、绥四属，男女凡七千余人。

　　黑龙与松花两江相汇，其下遂名混同。以二水流势相若，无能轩轾，如以流域长短言，则黑过于松。第两江既合，江流乃直向东北趋，似黑龙江流势为松花江所夺者，故卒不能定何为经流[22]。古人混同取义实为允当。

　　松花江下游水色黄浊，黑龙江下游则作深黑色。两江在拉哈苏苏即临江县。合流后，北黑南黄，如刀断划，东流至伊力嘎即绥远县。南汇乌苏里江，色始混融。

　　混同江，自俄属庙尔地方出海，海潮内灌至乌活图东距特林二百十里。即止。是处右岸，有古城基，周三四里，两岸皆山，江面宽不二里，大江奔流，此为襟束，流势益掀腾迅急。由海口至此，计仅五百余里，说者谓混同江下游，礁渚层列，足以障碍潮流故也。

　　混同江南汇乌苏里江，乃两岸皆入俄境，江流直向北趋，尚有二千零七十余华里，方入东海。而俄屯庙尔，实绾毂江海之口，盖凡外兴安以西、以南，长白山以东、以北诸水，俱总汇于此，形势独绝，有八岛错列江心，空气净洁时，用远镜由岛北窥，可见库页岛上之高岭。是地早寒，霜降后即冻冱，立夏始开。盛夏凿平地三尺即冰，早晚必披裘。夏至后半月，日入在亥初，亥正二刻室中始燃灯。遥望天北，但见白光如虹，作半规形，室外行人犹可辨面目，惟子正前后各一刻，半小时间稍暗。顾时已距夏至旬余，使早半月，直不夜矣。庙尔市北有高山，山北数十里即大拉该海湾，是即混同江入海之口。江宽约二十余里，口门有沙渚二，左右弯抱，若巨蟹之双螯。右岸水尤深阔，巨舰悉出入于此。远览沿岸，山如江堤，自江心南瞩，则连峰起落，如怒马狂潮，望洋奔注也。俄督旧署沿江，颇壮丽。自前清光绪十年，移往伯力戍兵，商贩从而迁市，廛肆遂衰。

　　清初，屡征东海瓦尔喀部，其见于《方略》诸书之地名，以音讹地僻之故，读者不能确指所在，刻并沦陷于俄，益无人考证，兹择取今地名之确与古地名地点吻合者，录如下：额黑库伦部在今伯力正东千余里，滨海奇雅喀喇地方，英门河岸。其处，今尚名额黑。附近有平地一段，土人相传为老汗王驻扎处，相戒不敢往牧。雅兰、锡林二路，在今海参崴东北海滨。额勒约束路，在今伯力正东海滨。瑚叶路，在乌苏里江源。乌尔固辰部阿万路，在今饶河县东，隔江俄境。库里路，今虎林县对江俄境尼满河两岸。乌札拉部，在今伯力下六百里。顺治九年[23]，章京海色从征罗刹，战于乌札拉村，即此。以上各部，皆前清天聪、

崇德间 ㉔ 先后收抚，由宁古塔分道进兵者。

兴凯湖，其形椭圆，周八百里，差比湖南之洞庭。但其东入乌苏里江口一线，河流曲折无数，宣泄不畅，即松阿察河。故湖水渊渟，鲜惊波骇浪。俄轮由江入湖，以东岸龙王庙为船坞，对河右岸，俄屯红土崖，为彼国要塞，俄名里薄诺夫。

自前清天聪、崇德，以迄咸丰十年，吉林东边北境，直至海外库页岛，南与朝鲜以图们江为界。逮咸丰十年，我国界约大失败，俄境遂至图们江左岸下游。及宣统元年㉓，日并朝鲜，而江之右岸遂又为日本境壤。凡中、俄界务与松、黑、乌三江流域，地理民俗既备述前编，兹将中韩、中日国际沿革大略，记述如左。

辽、金与高丽国界，以今地理考之，实在今韩国咸兴府南之平定府。时高丽犹强，屡出兵北争海兰甸，今延吉县境。卒不获逞。元置东宁总管府于西京，平壤。划西海道之慈悲岭为界。平安道南。及后，元以高丽舟师助讨日本之故，归以地，始与中国西北以鸭绿、图们两江为界，自明代至今，五百余年未之或改。

今吉省东南与朝鲜接壤之土地，在前清之初迄同治末年，皆为禁山围场。每岁仅由乌拉总管采取参、珠及兽皮于此。计自今宁安府瑚珠站，南至图们江岸，尽荒漠无人居。康熙季年，始设协领于珲春城。见后。顾其时，图们江流域只右岸属我保护国之朝鲜，初无所谓边防也。自咸丰十年，中、俄界约既成，左岸从稽查处以南下游，尽为俄有，图们江自纳红旗水后，经我珲春境南流，越高丽之庆源府，八十里至黑顶子。当咸丰时，界线不明，嗣被俄潜行侵占，已以此为中、俄国界。及吴大澂勘界至此，争回故地，设屯垦营于此。向南展界三十里，即土字碑所在，遂为今界。界外向有俄人设卡稽查，由此以下，乃左俄、右韩，流三十余里入海。于是吉省遂无海岸，并江口亦非吾土，而边防始紧。光绪七年㉖，南荒乃招垦，时吉林省迤南，总称南荒。先经李金镛太守遍勘，嗣清廷派吴大澂督办边务，地理关系始稍稍注重。已而立水师营，十五年㉗设治，二十八年设延吉厅同知。招兵，同年招驻延吉强吉军四营。布置亦略备矣。

图们江右，韩境数城，均山岭濯濯，土瘠地贫，一望而知为弱国。入其城，腐败冷落之象不堪，惟长官一、座首一、系民治之次官。数吏役而已。其俗，苦守俭约，老死不化，室中粪秽不除，而门阀阶级甚严。往时更贱视外族。当咸、同前，国界尤严，每岁惟正月，华民至该城开互市一次。指定会宁、庆源二处，准我往而不准彼来，平民私相往还者，罪死。由宁古塔旗署派员，赴各城监督之，俗名大换。光绪十一年，古林官府因俄人私与朝鲜通商，以庆兴郡为互市地，因开放和龙峪、光霁峪、西步江三处为中、韩商埠，抵制俄人。先时，中国于韩人向不征税，通商员既至韩，韩人尊之如天使，例有童男女各二人前来伺应，非常烜赫。定例：旗人杀死朝鲜人三命，始准拟抵，此项法律不知倡自何人也。至光绪七年，李太守金镛查边至此，请于将军，此例始废。同治初，朝鲜曾大饥，野殍狼藉，饥民挈眷逃至江左，今延吉、汪清等处。将妻室子女鬻于华人，每名只换米一二升，伤惨已甚。然由此种界亦得稍开，而薙发易服者，回国仍以奴隶视之。对于旗人，敬畏之至，呼旗人曰商力密，而自称则曰娘伴呢。及自由贸易之制行，刑部正郎彭姓，为中、韩通商员，特颁六言晓谕示文，刻木悬挂署门，自是两国国界开矣。迨光绪庚寅㉘，上自茂山，下至钟城崴子，茂山、钟城，韩地名。时我界人烟稀少，每以对江名称名吾土。上文犹茂山、钟城隔江左岸之谓。江滨沃土二百余里，悉行丈放。设越垦局于和龙峪，由此领垦之限制亦疏。于是，江左一带荒田，半赖若辈垦熟，人口蔓延几倍华民，而往年间岛问题，亦发生于此矣。

> 按：图门江右岸，概为韩之咸镜北道。韩人族属之别极严。该国人相见，必先询姓氏，如曰李姓，又必问何地迁来？如答谓内地迁来，则欢迎之曰娘伴呢；若土著，则直曰商力密。细考娘伴呢三字，实含有唐人之意味，故韩人多自谓其族在隋、唐时移至，本中土产云云。明季有康、姜两姓，陷没于韩，至今亦称娘伴呢，示尊称也。因而号此间土著俱曰商力密，满族八旗遂亦蒙此名称。

自元世祖以还，朝鲜国界迄未或改。而自清太宗二次征服朝鲜，国王李倧在三田渡求和以后，清廷与朝鲜曾有两次勘界之举：一、康熙五十一年㉙，其议发自清廷；二、光绪十一年，韩王以勘界为请。

朝鲜北境土门江外，时文书俱作土门，韩称豆满，后乃作图们。清初为东海部之瓦尔喀部。康熙时，以江源处界线不清，派打牲乌拉总管穆克登往查，审视鸭绿、土门两江俱源于小白山之分水岭。一名黄香岭，韩名虚顶岭。岭东三汲泡流出之红丹水为土门之源，岭西建川沟为鸭绿之源，因于分水岭山巅立石。刻文曰：穆克登查边至此。由此沿红丹水至三江口，韩茂山府治西北。以"华夏金汤固，河山带砺长"十字匀置十碑，划明韩国茂山、惠山之界。碑已不存，今补立。此康熙五十一年事也。

厥后，韩人越垦土、鸭两江外我岸者日众，更有侵占之意。穆克登立石并已暗移至长白山东南，相距七十里。与红土河源相对，但不知此举属于何年。先是，清廷当光绪八年㉚，有刷还朝鲜流民之议，朝人惧迁，遂取证已移动之穆克登碑，诡言红土河为土门江之初源，又言长白山阴向东北行，有石堆数十，复向东北，有土堆百数，是处为西南登长白山之正道，沿黄花松沟两岸。有云此土石堆系当年禁樵采之标识，或云猎者所置。所以为界者。继乃言，图们、豆满实两江，上国海兰河、布尔哈通河，今延吉境。实土门江。豆满固左右属朝鲜者。光绪十一年，我国遂会勘，始得勘明图们江之源：正源红丹水，北源红土山水，南源西豆水。西豆在韩境。其实北源乃石乙水，红土山水，又石乙之北源，二水合而东南，汇红丹水。未汇合前，统名石乙水。韩人仍争执，十三年[31]因再勘，而我微退让，允循石乙水为界，俾餍其心。讵知有此一让，葛藤转甚，又改而指红土山中一溪涧为图们正源，卒未解决而罢。以上纷纷，闻皆韩臣鱼允中嗾使。然其时所争，迎拒得失，已不出旧界数十里，历来混指之说，早自消灭矣。此光绪十一年前后事也。五年前，戊申、己酉[32]，中国、日本于吉韩界务忽有重要之问题发生，所谓间岛交涉是也。此时，日已预备灭韩，故情形已一变，而日本所凭以为交涉之根据，则原因犹在昔。中韩界务未了，光绪三十年[33]，两国俱欲勘定，以竟前议。而日使内田力阻，以军事未平为解，盖预留翻案地步。时日、俄已备开战也。

日、俄战事将终，有日人龟井版本等私制地图，潜将我界延吉地方之牛心山脉、海兰河以南，悉绘入韩界。同时，派测绘者至千人，专测此一带土地。日政府月费十万金，侨装密侦之武员有三十三人。而此事之主动发难人斋藤中将亦在内。蓄谋之深远，盖非伊旦夕。光绪三十三年[34]七月十一日，日政府忽有照会致清政府云：间岛容为清国抑韩国之领土？今统监府，时日本驻统监于韩都汉城，由伊藤博文充任[4]。派斋藤中将来间岛保护韩人。时清廷初不知间岛系何解释，而此项无中生有之大交涉，已破空而起。且是照会甫来，而日本所谓保护之兵已北逾图们江进逼，双方齐举，令人错愕。

按：图们江自茂山以下，江滩延亘，以光霁峪前一片之滩地略大，华人名为假江，亦名江通，横里许，纵约数里，本连接左岸我界。光绪七年，韩人往垦，乃私掘一沟，此滩遂宛在江中，仍岁纳租银于我垦局。二十九年[35]，韩官李范允行文妄指假江为间岛，混称韩领，垦局拒斥。旋由延吉厅署与订契约云："古间岛即光霁峪假江地，向准钟城韩人租种，今仍允如旧。"是间岛二字时始见于公文，然区区一滩，其细已甚。

按：又一说，间岛名词实垦岛之讹，以韩人语音垦字读如阒。因日语之音转，又日人时思藉此地为侵略根据，遂强作间字云。

中、韩在光绪二十九年之争议，韩指假江为间岛，原不过蕞尔土壤，为租借垦种之关系。至中日交涉起，日人乃廓而大之，其说曰豆满江，豆满即图们，以中、韩语音之讹，强歧而为二，日本至是遂亦袭其旧说。各地异名。左侧支流，向西逆溯，中国人谓之布尔哈通河，西南分歧名骏浪河，上游又有南出支流，韩人称为土门江。在豆满、土门间区域为间岛。意殆以海兰河南、图们江北，今和龙县境消纳于间岛范围。海兰，即彼所称骏浪也。已又诞而出之其说曰：间岛即女真，距豆满江千里之夹皮沟，亦其区域，中有韩氏之小独立国，沿辉发河，达松花江南岸，岛之面积大比日本之九州。意殆将以吉省东南路，今桦甸、濛江、磐石并延吉各属，悉纳入间岛之范围。夹皮沟韩氏事迹见后。是说已愈辩而愈妄，其计乃在弄假而成真。由是，两国文书争执变幻诪张。及前清宣统元年七月，始将其前后谬说，一齐驳斥，乃才解决。幸得边隅无缺，邻谋未逞。顾当事磋磨，几及五载，亦吾国外交之要史也。时督办边务之陈昭常、吴禄贞，俱明达有为。图们江为中、韩国界，江左旧属中国之铁证，采之档案，旁搜韩史，并及日本与俄国之朝野记载，至有三十一种，抵隙导窍，令无辩难之余地，方能就范。奈清廷畏葸失败，卒许开六道沟、百草沟、龙井村、和龙峪四商埠，订合办吉会铁路之约，当事虽力争，已无及矣。清初以后，朝鲜贡道出奉天，由韩新义州过江至凤凰城，中国乃伴送之入贡。中韩互市于鸭绿江之中江台，九连城东，江中洲渚。若吉省图们江左岸，固自来采断塞主义者，其奈韩境人稠土瘠，一逾江流，北入我界，便沃壤膏原，天然宝库。今延吉、和龙、汪清等属，正当长白山之东，以金矿为最富，有石建坪等线金产地，有黑顶子、珲春河等砂金产地。开采期始自同治间；而延吉正西约百里，天宝山银矿发现在光绪初，尤称宝藏。余如铁矿、煤矿蕴蓄俱厚，加以森林蓊蔚，猎业斯兴，河流纵横，渔业兼适，皆农业之副产地。富饶为吉省冠。故清廷以韩民越垦，屡下严令刷还；令弛，辄又侵入。光绪初，法禁稍懈，至者遂多。已而吴大澂勘边至此，曾有一例薙发入籍、编甲升科之请，韩王尼之未果。十一年，俄人有与朝鲜陆路通商之意，当事欲安抚之，所以与韩改订通商章程。一面有越垦局之设，旧令悉除，韩民麇集。越五年，准领照升科，十六年^㊱旋改设抚垦局。初，韩人踪迹限于海兰河南，今和龙县属。其后华民佣雇为佃，租给开耕，蔓延益远。及光绪三十年，中、日间岛交涉起，韩民已几遍延吉，垦民已达五万余户。

> 按：光绪十一年，中、韩勘界争执原因，即惟越垦韩人故。因我界韩侨既多，惧我一旦逐去，韩王故藉界议延宕，冀保其民人生计也。中、日间岛之交涉，亦惟越垦韩人之故，因日将灭韩，韩人即其人，有人斯有土，遂从而生心，觊觎吾土地也。今日边务已经解决，国界依然。然而，韩人于延、珲、和、汪四属，举族来迁，人数已逾四十万。匀计户口，韩人将过半数，其间桀黠者，多一进会中人，领荒租地，诡托混冒。吾深惧一进会为犬，而日人喉之；一进会为傀儡，而日人牵其绳索而动也；则延边即朝鲜之覆辙也。履霜坚冰，亦曰殆哉！

校记：

〔1〕原作"河"，误，今改为"江"。

〔2〕原书纪年有误，原作"己酉"，应为乙酉，今改。光绪乙酉为十一年，1885年。

〔3〕原作"坑"，今改。原书凡"炕"皆作"坑"，以下俱改为"炕"。

〔4〕原作"依"，当作"伊"，今改。

注释：

① （一）为校点者所加序码。（下同）

② 1858 年。　③ 1860 年。　④ 1886 年。

⑤吴大澂（1835~1902）：字清卿，号恒轩，江苏吴县人。曾任湖南巡抚。参与甲午战争，因战败被革职。

⑥ 1861 年。　⑦ 1854 年。　⑧ 1884 年。　⑨ 1883—1884 年。

⑩ 1886 年。

⑪ 此柱铭文的释文不一。"志"字有数种释文。有释为"奉"或"封"者。

⑫ 沱江：此书泛指江水之支流，见《诗经·召南·江有沱》。

⑬ 赫斤人：即赫哲族，史称黑斤、黑真、赫真、奇楞等。本书写法亦多不同。

⑭ 1885 年。　⑮ 1869 年。

⑯ 石苔：属地衣门，石蕊科植物，生长于高山寒地，学名石蕊。

⑰ 萨玛教：今通译萨满教。一种原始宗教。萨满源于通古斯语，即"巫"的意思。主要流行于欧亚最北部地区。

⑱ 甲辰年：光绪甲辰为 1904 年，实际日俄战争之结束为 1905 年。

⑲ 墨西哥应属北美，不应冠以南美。

⑳ 1902 年。　㉑ 1898 年。　㉒ 经流：即正流、主流。　㉓ 1652 年。

㉔ 1627~1643 年。　㉕ 1909 年。　㉖ 1881 年。　㉗ 1889 年。

㉘ 光绪十六年，1890 年。　㉙ 1712 年。　㉚ 1882 年。　㉛ 1887 年。

㉜ 1908~1909 年。　㉝ 1904 年。　㉞ 1907 年。　㉟ 1903 年。

㊱ 1890 年。

鸡林旧闻录（二）

混同江自俄境阿吉以下，南北多产康达罕；兽皮多取有氄毛服之，故暖。独此兽去毛存鞟，东人恒用以制衣、靴，质坚致而色尤洁白，军人装束更乐用之。北岸四不像见前。更多；恒滚河，产玄狐。自江至海，产青黄鱼骨、海豹皮、海马、海虎，不可胜记。

混同江下游，东北海口，有大鱼，长一二丈，大数围，头有孔，行如江豚之涉波，孔中喷水高一二丈，訇然有声，闻数里。黑斤、济勒弥诸人通呼为麻特哈，谓此鱼奉海神命送鱼入江，以裕我民食者。是间土人皆不知岁月，特以江蛾为捕鱼征候，每于江面花蛾变白时，约五月。麻特哈送乌互路鱼入江。及青蛾初起六月至七月望前。送西里性鱼入江。至江面小青蛾再飞起，八月。送答抹哈鱼入江，皆至特林河口而返。其驱鱼进口也，每三四为群，各去里许，逆流而上，掀波喷浪，势甚汹涌；而乌互路等鱼，则率群前行，若不敢稍止者，日可行三四百里。俄人于庙尔地方，初见乌互路等鱼，辄电报伯力，三日后则鱼至伯力下四百里南星地方，再半日伯力已可得鱼，无或爽者。此三项鱼到时，济勒弥及黑斤人等，则于江边水深数尺处，多置木桩，横截江流。桩长二三丈或四五丈，亦有作方罫形，独虚沿江一面者，名曰“闷杠”。于水平线下，又系以袋网，须日乘小舟取之。每一“闷杠”可得数千斤。又或以围网，或以撒网，一举可得数百斤、数十斤，载回小舟，举家各持小刀，临流割之。鱼分四片，穿以柳条支架晾之，作御冬之旨蓄。至麻特哈巨鱼，先济勒弥等人，以为海神之使者，故不敢捕取。近年俄人设法竞取，土人亦从而效之。每江中风浪大作，辄扬帆持叉，俟出水时，以叉遥掷之。叉尾系长绳，俟鱼力既惫，乃牵至江岸，或售或食，仍不敢携入室中，恐为祟也。若乘威呼持叉取鱼，则以剃发黑斤为最。当波浪平静时，江面认取鱼行水纹，抛叉取之，百无一失。其威呼不用木而用桦树皮，长丈余，宽约二尺，首尾胥窄，才容一人，其快如风。江中鱼类，如鲂、鳣、鳇、鲤，土人多生食之。

按：枝江曹氏云：麻特哈鱼即辽、金史本纪所载之牛鱼也。《本草纲目》：牛鱼生东海，其头似牛。《清一统志》云：牛鱼出女直混同江，大者长丈余，重三百斤。其肉脂相间，食之味佳。又，《异物志》云：南海有牛鱼，一名引鱼，重三四百斤，状如鳢，无鳞鳍，背有斑文，腹青色，知海潮。盖南海名引鱼。引字之义，与赫斤人驱逐群鱼说亦相合。《本草》载：肉无毒，主治六畜疫疾。

答抹哈鱼产于江中，长成于海，复回江河而死，故有往生来死之谚。其寿命只一年。每当暮春，江河冰解，小鱼即乘流冰入海，得咸淡混水，长大甚速。立秋后辄又不食，逆流而上，母鱼追啮雄鱼之尾，俗称咬巡。雄鱼被咬，有白沫下泄，雌鱼吸食而孕卵孵散，昼夜追接。惟值江中滩石，则泳游不去，俗称巡场。渔者于此恒多获焉。鱼孵卵至尽，辄陷身土穴中自死。卵红色，大如豌豆。小鱼生后，明年冰解遂又入海。今临江县之赫斤人，专以斯鱼为衣食，鱼肉充饥，鱼皮染绘作衣，赫斤人故又名"鱼皮鞑子"。是种人不知岁月，盖以来鱼一度为一岁焉。俄人近在混同江下游架棋网数重，腌作军用食品。西至我境临江一带，临流架网重重，故近今距海较远之河流中，是鱼已将绝矣。

松花江产鱼颇富，三姓上下之沿江一带多操渔业。其鱼鲟、鳇最大，他则鲤、鳟、鲂、鲑多有之。牡丹江等处亦产鱼，但小鱼居多，仅供自食，而莫盛于兴凯湖。湖与乌苏里江通。当桃泛涨发时，湖鱼争吸新水，游泳于江中，顺流而下，又贯入旁近之穆棱、挠力等河，逆流而上。一经立秋，立即折回，沿岸渔户横河树木栅以堵截，谓之挡亮子。凡挡亮子者，皆须领票纳税。其鱼不可胜计，往往盈河皆是，至碍舟楫，不能泛行。渔户不甚爱惜，有用以饲犬豕者。而乌苏里江之东，俄人则垄断其利，当秋潮落后，专打答抹哈，咸晒鱼干。平时所得小鱼，亦不弃掷，以制罐头焉。

金代头鱼宴，凿冰取鱼，饮宴为乐。此制久废，而其遗法至今尚有存者。乡人每于春初时，捕得生鱼，鲜美无比。其法：先凿一冰孔，以长竿搅之，盖冰底不冻，鱼潜其下，偶见天光并闻水声，以为春涨初生，群游而集，手取良便，此亦物理也。

松花江之名，最为闲雅，可与江苏之松江相埒。其奇者，松江有四腮鲈，为天下所无。乃松花江有鲈亦四腮，味殊鲜美，谓之侧鲈鱼。

《册府元龟》：五季唐同光二年①，渤海王大諲撰，贡人参、松子、昆布、貂鼠皮一褥、六发靴革。考关东人参之目，始见此晋人笔记。有言人参者，皆指当时上党郡、今潞安府产之潞党参，非东参也。

六发靴革，名甚新奇。六系指靴数，凡六双，上云一褥，可知接下之六字必计数也。盖即今乌拉草也。草色深碧，其细如发，长者有四尺余，吉省各地皆产；溪谷岩石中蒙丛下垂，入冬不枯，性温暖，能御寒、避湿。东人常取以铺卧榻，农工等人均以荐履。履用方尺牛皮，屈曲成之，不加缘缀，覆及足背。冬夏胥着以操作。因用此草荐履，故即以乌拉名履，而俗又书作“靰鞡”。靰字并寓象形之意。东人谚云：“关东三宝，人参、貂皮、乌拉草。”其利用而重视之也如此。

吉林东南长白山系之溪谷中盛产蛤蟆，遍体光滑，满语为哈什蚂。尻无窍，并不辨其雌雄。土人云，雄者值山中新雨后，腹生涎沫，雌雄常黏合，虽力劈之不解，即其交尾时也。特不知其孵卵之故，饮而不食，无排泄器，故寒霜既降，辄膨胀死。剖之，满储黑粉如石炭之屑，惟两肋具肥背莹白，有脂肪质，烹食味鲜美。医者云：性滋阴，可当补剂。而《本草》不载其名，古人诗词亦未有咏之者。今南中贩售已多，用为食品。有谓此物饮参水而生，故哈什蚂所在山，必产参云。

吉省金矿，在松花江、牡丹江、绥芬河流域俱有苗线发现，然著手淘采者殊鲜。自前年将都鲁河金厂划归江省后，刻惟密山之兴隆沟、东宁之万鹿沟等五处呈报开采。若桦甸之夹皮沟盛况已迥不如昔。采金之法，东省大略相同。曰上大溜者，十余人为一班，就溪筑坝，别开水沟引之下注，用宽二尺、长丈八尺之直木槽，内铺细毡，覆以铁眼溜板四，板长四尺五寸，直槽下又加横槽长五尺，宽二尺，亦盖溜板。取砂之法，或由矿丁，或用车马。始用上溜，溜头加锁，砂去金留，每晚清砂一次。有曰上小溜者，即西法，名密纳干子。矿丁数人，用两节小木槽，内铺细毡，以柳条作帘，复诸其上，抬砂置槽，人力上溜。越二十抬清溜一次，每日如此者凡六七次，亦可得金。一曰摇簸子，三五为群，按碃取砂，近设水坑，用小木簸如腰圆形，下水淘之，亦可得金。时至冬寒，烧石融冰方可引水，用力甚勤，所获亦无几矣。

江省漠河、奇乾河，曾有乌金发见，其罕已甚。而现在俄领东海滨省卧牛河东南他勒马苏地方乃颇产白金。平常黄金，不外线金、砂金二种，独白金铺满岩石之上，形如钟乳石。奇雅喀喇人，每以制耳环，晶莹比于钻石。

东珠生蛤中，吉省江河巨流皆产此，尤以牡丹江上游为多。宁安府城南，并有珍珠河之称，但色多带绀黛，少浑圆，中半常现一纹，然佳者则光采晶莹，亦远胜南省之产物。蛤插立沙内如排墙，采者挨次拾取，以热水略炙其壳，去肉取珠，肉不可食，但得珠耳。然珠亦或有或不有，且小珠居多，大而光圆者什中一二耳。前清时，乌拉总管旗署，设有珠子柜，采取者有专役，名曰珠轩。十人或八人为一排，腰系绳索，每当仲秋入河掏摸，以备贡品。此外无专采者，间有屯农，于春夏间采之，而得珠与否既不可卜，且所遗蛤肉必须随时毁埋，若为珠子柜旗人所见，则指为私采，恫吓讹索，不堪其扰，故多引为戒惧焉。现在吉林市肆售珠，多来自松花江上游，间有在江省汤源县唐旺河获取者。

常熟徐兰，字芬若，康熙丙子②曾从征准夷，由辽左回师，著有《塞上六歌》，歌各有序。其《采珠序》云：岭南北海产珠，皆不及东珠之色如淡金者品贵。八旗旧有采珠人，以木插中流，长绳系腰，入水取蚌，急则振绳掣之起。得珠重八分以上者充贡，次归其主。罪人免死发乌拉为奴者为[1]之。

金太祖曰：宾铁虽坚终可毁坏，惟金不能毁坏，因为国号。特未识宾铁二字何指。考辽代亦有铁利县，今吉林省中铁矿极少。又金有银州、今奉天北懿路站左右，渤海时名富州。铜山县，今开原县境。今亦未闻其地有银、铜矿产。或曰辽金郡县名称，多有因移民而更，辄类南北朝时之侨置，故难尽作据耳。

参性热，一苗高数寸，苗头平分数茎，每茎五叶，形如掌，六茎为最多，根株亦最佳；间有一二茎，挖出至美之根者，是必原根，俗谓"芦头"。以受伤多年，侧生一苗者也。土俗名采参为放山，又称挖棒椎。缘满清禁采时代，忌讳参字然耳。考道、咸以前，限禁甚严，例由吉省出发专票，领票往采，仍必以挑官参为名，今犹有某票房之说。嗣后弛禁，改征参税，始任人采挖矣。放山者分三期：四五月为放芽草，因百草甫生，参芽萌茁，便寻认也；六七月为放黑草，则丛草浓绿，最费辨认；八九月为放红头，因参苗顶心结子，浅红易识认也。及参籽落后，又曰放刷帚头。毕事下山曰辍棍。当进山时，有把头者领数人至山，四望森林，不见天日，而把头则视某山树头独新秀浮绿者以行。至则又验其草木枝叶坚茂者，即曰有山。盖非此土性不克生长参苗，其占候察验，纯出乎心得也。时即剥树皮为屋，称曰"窝棚"。把头令其伙排列，各间一丈，执一棍，名索罗木棍，以棍将草左右撩拨，挨步注视，瞥见参苗即大声相呼，各人齐至，详细搜觅。缘有苗必不止一处，偶有孤苗挺生者，千百中什一耳。挖参时，量参草之大小，四周辄刈草成围，而后向内刨挖，一面起土，一面用骨簪拨辨草茎，恐妨参之根须也。挖出之参，杂以青苔，裹以松树皮，俗呼曰棒椎甬子，背负下山制售。亦有下山后移植参营者，名曰移山参，坚壮者亦为佳品。

参营，俗名棒椎营，种参区也名曰秧子参。参营成立，已历有年所。道、咸以前，亦在禁例，往往官役带兵清沟，用火焚毁。征税后，已无此患矣。其种植时，先于森林中择一土性相宜处，刊木起土尺许，搅之松细，阔五尺、长三丈为一畦，预将参籽窖地一年，名为发籽子。次年，将籽漫撒畦中，覆以土灰。出苗后三四年，至秋九十月，又移植他畦，锄畦成垄，排列插莳，复用七尺五寸高之板棚盖其上，往时多有用布者，今鲜矣。每年，择春、秋二季揭板，向阳三五次，并当连绵细雨时，放雨一二次，皆有程期，过则倒烂。又三四年白露节后，方起参制造，名为做货。做时，先将鲜参用沸水煮之半熟，再以小毛刷将其浮皮洗净，用白线小弓将参纹中尘土剔尽，而后用冰糖熬清汁将参浸灌一二日，上锅蒸熟，再上火盘烤干。亦有不煮水、不灌糖，而生刷、生蒸者，名曰丽参即假高丽参之粗制法。参营历年栽植，次第制售。栽参一畦，俗称一架棚，山民业此者甚多。种参之中，洋参、高丽参之别，辨之甚微，大抵视根有多节，<u>丛茎</u>之上必有细粒如珠及质坚纹细而已。每年输运出口，为吉林天产品之大宗。据营口税关报告，重量岁约三十万斤，价额在二十四五万两左右。

虎，喜居荒山<u>丛薄</u>中，便跳荡也。吉人多讳言之。樵采者则直称之曰山神。昼伏夜动，猎者每于冬间，伺雪中迹以为掩捕。缘虎前行必寻旧路归，猎者辄于路张机。其法：横系一铜线，一端曳于引满之机关，弓架入铳机，虎触之弹发，恰中其前胸。既负伤，辄奔越，乃按血迹追寻，恒倒毙在数里外。

按：日本人坂本氏调查满洲产生之虎，形态与北美洛机山所产无异。谓古时亚美两洲在白令海峡处大陆必连，此亦一证。

黑熊，吉省到处皆有。力大性憨，目甚小，故俗呼为黑瞎子。不肉食，胸腹有白毛者性更凶，见人常追逐。胆能疗目疾，掌可充膳。此外，别无有价值之品，故猎者少。入冬，熊无所得食，蛰伏树孔中，山民觅得其蛰巢，即攻杀之。

熊，有马驼、狗驼两种。马驼重千斤，高几四尺五寸，怒时恒与虎豹角胜，猎者畏之。狗驼高二尺余，重亦止五六百斤。二种均喙长、眼小、睫毛又极厚，视察时频以掌撩掠，故俗称"黑瞎子"。力能拔树，亦能升树，每端坐树权，用前掌攀折树枝，压于股下，欠身复折时，前折者辄堕，移时树枝满地，仍向树杪狂折，则有时颠越坠地，即矗立怪号，酷类人笑声。山中大雪后即不食，营穴自藏，俗谓之"墩仓"③。树窟者曰天仓，岩洞者曰地仓。蛰居无所事事，日惟舐掌，一若可以疗饥者。或谓其因掌在砂石中磨砺，久恐来春难出走，故以舌舐，以牙啮，将蓄锐也。牝熊生犊必两，辄一日数移其穴，意恐猎者侦而窘之。最足令人发噱者，则其携子过河一事。熊将过河时，不论河深浅，不使子熊先涉，必觅大石一，压一子，已乃偕其一速过彼岸，又觅一大石，压如前，即又返而相寻。当觅石时，务取其重者，故往往压毙。熊揭石见子尸，复趋彼岸，被压亦如前，母熊辄大号奔去。狼之黠者，每伺以果腹。村落傍山者，玉蜀黍成熟时，熊每入禾<u>丛</u>。人立而掌掠之，且掠且挟于肘，肘甚直，挟物难，每挟一黍旋落地。由垄之此端以达彼端，肘中终止一黍，余均弃堕。然其蹂躏禾稼亦实甚。猎者每从守望楼中发枪射之，命中与否必奔来，将楼推倒始逸。

鸡林旧闻录

如山中枪击，须迎其面，因其闻枪辄掉头回奔，如在熊后击之，则适立其回奔之线路，鲜不被伤者。其性悍，即弹贯其胸，犹能拾泥草自塞伤处，狂奔数里乃卧毙焉。

麝，东人呼为獐。足高毛粗，形如初生之驹。从前无有猎取者，嗣高丽人来此，就丛莽间隙地架一长绳，中系绳圈，麝穿隙过，则颈乃套入焉。大抵野兽属何种类，辄有一定之行径，且往还多出一辙，故与遇必不能免。系牡麝之脐，成圆椎形，割下，大仅如桃，价值亦远不如山西五台及滇蜀产。然近今山民效高丽人弋猎，所获殊多，亦为吉省出口药材之一。

闻诸猎者云，山中百兽俱有，虎豹为常兽，不甚可畏，往往与人相望而行。人苟不伤之，亦不伤人也。熊最猛，苟遇之，无不伤人者，且善与猎人斗。盖虎豹背枪而走，熊则迎枪而扑，使一枪不中，猎人无不支裂。其次猛者为野猪，亦多伤人。狼，最险，其害人能出人不意。惟豺殊仁慈，人每以豺狼并称，乃不知其性耳。凡入山行猎，夜宿窝棚，防有猛兽来袭，必先作呼声引豺来。饷以糇粮，辄绕窝棚遗溺而去，以示护人。盖豺溺最毒亦最膻，百兽践之则烂，闻臭必引避云。

猎者蓄狗，大者能搏虎豹，小者则为逐兽之用。每于黑夜中闻虎啸，则放小狗出，谓之送客。狗驱虎前行而吠，虎闻声辄奔扑。将及，则旁匿于林，再驱虎，再奔，再匿，如是数回，虎去已远，其狗乃归，安息无患矣。

宁古塔等处产鹰雕。前清于其地曾设鹰把势多名，捕鹰以进，为行猎之用。其鹰品之最贵者曰海东青，纯白为上，尾毛可用为扇，高三尺余，喙如铁钩。昔宋徽宗善画白鹰，在宫中时多画之。宣和④款识，当世所珍。关内无白鹰，乃乐画此，其后卒置身五国城，确在今宁古塔旁近。虽一画品，实恶谶也。又吉林产东珠，宋崇道⑤、熙宁⑥间，汴中朝贵乃极尚之，谓之北珠见，《北盟会编》。⑦气机所感，运会所关，抑亦"女真髻错到底"之喻也。

清初，有所谓使犬部者。如今临江等处，每于江上结冰，用狗扒犁。俄境亦有之。其狗皆肥壮而驯，一扒犁以数狗驾之，而头狗价最昂，俄人购者往往一狗值四五百羌洋也。使鹿部更在使犬部之外，而使犬部中亦能使鹿。既如四不象，复非常鹿，其形高大如马，身无斑点，谓之马鹿，兴凯湖以北多产此，可以驮重致远。马鹿之茸亦宝贵，惟较之梅花鹿则相去远矣。

明永乐⑧后，开原、抚顺、广宁俱设马市，缘马为满洲东北部特产，即今之三姓、临江、富克锦等地是也。明室既衰，马市既废，满洲之马群亦空。盖当时地尤荒漠，俗尚游牧，是以多马。清帝既有天下，而发祥之地设官为治，人烟渐稠，且习游惰，已鲜强劲之风，马群亦无地可以容放，产马遂稀。马群，今蒙古尚有之，出时千百成群，虽妇人童子，皆能制驭，纯以耳马子为瞻导。耳马子者，马群中之长也，众马咸服之。每于日斜将归，马皆四散，驭者持长竿，头有网，网有绳，牵之于手，遥挥其竿头，网得耳马子收绳以归，则众马皆归矣。

貂皮为吉林特产。毛根色青者曰青韗；三姓以东，毛根略紫，曰紫韗。高丽、奉天产者，毛根灰白为草韗。自以紫韗者为上。盖气候愈寒，则毛色愈纯厚，故三姓以东之皮张最良，不独貂皮为然也。捕貂者用钉碓法：于森林之中筑一碓房，四方钉碓四股，每股长周三十里，钉碓约三百盘，四股之碓共千余盘，二人守碓房，各日一巡视。其碓式或就倒木，或伐大木为之。左右钉五寸高木桩两排，每排八株，中以两株为门桩，下置活木滚棒。碓槽阔五寸许，后钉一小桩曰老桩，再以丈许、径五寸许之木杠，尾刊透豁，又于老桩卧碓槽中，杠头钉一木钩，曰挂钩。左旁竖立木有权，用一小木挑杆，架于立木权上，将木杠挑起，下端绱绳，尾系寸长消息木，卡于门桩处之活木滚棒，再用两条细棍压滚棒于碓槽中，曰桥梁。后用分厚之薄板两片，曰桥页，交搭桥梁上，俟貂鼠路过倒木，踏上桥页，致压滚棒下沉，消息木脱出，则木杠下落而压毙矣。以寒露节为支碓期，谓之推桥页。至霜降后捕貂最多之时，谓之打响草。以貂好捕灰鼠，其时落叶满地，貂踏草有声，恐灰鼠惊遁，即跳身倒木而行也。貂在森林追捕灰鼠，往往游行各山，无定居；响草时亦为过貂期，因林中松子已实，灰鼠奔走觅食松子，貂则随之，故捕者视松子之有无，以占繁歉，捕貂而兼捕灰鼠焉。至大雪节，则收拾老碓，因雪地无声，貂不登碓，且冰冻碓亦凝滞不灵耳。大雪节后，乃另组撵貂法。其时，森林中每夜多降雪，貂昼眠夜出，挨搜树窍中以捕鼠，天明即伏树窍之内。捕者于清晨负一背兜，内插板斧，外带火具、硫磺线、风扇等物，于雪中踏验夜间貂踪，必验明有入迹而无出者，先以树枝杜塞窍口，恐其出窜。再用烂木屑为火具，取硫磺线燃之生烟，以风扇扬烟入窍熏之。俟熏满，以土和雪将窍口严掩，使貂闷毙窍中，再以斧伐木，取之出。近时业此者，多用网兜并畜养猎犬，闻嗅定巢，较捷易矣。

森林，满语名窝集。如以义释之，亦可谓树密为窝，可以居集，亦曰乌稽。吴汉槎有大乌稽、小乌稽诗是也。汉有南北沃沮地。可见森林弥满，汉时已然。沃沮者，兼指林中有水而言，殆即今之哈汤耳。沃沮、乌稽、窝集，音转而实同，今则以窝集称之。吉林全省有四十八窝集，大者亘千余里，小者亦百数十[2]里。蔽日干天，人迹罕到，分为长白山、小白山两系。其长白山系，在松花江上流，头道江、二道江之地，老林绵亘千里，在前清严禁采伐。头道江以下则采伐者沿松花江而下，运售良便，故经营者日盛。其小白山系，在拉林河上游，四合川附近，南抵张广才、老爷二岭，东迄三姓、宁古塔，西至宾州、五常，东北界俄领黑龙江州。以交通不便，中国人采伐者甚鲜，而俄人则以伐供东清铁道用木为名，于光绪二十三年⑨后，组成伐木公司，得擅其利。其产树，如果〔3〕松、杉松、黄花松、紫白松、香柏松、榆树、楸子、椴木等，皆硕大坚致之材。其他杂木，尤不可胜数。吉省东北两边，距江河或火车道较远处，古所谓窝集之地尚延亘不断，枝柯纠结，翳障天日。下则水潦纵横，草叶腐积，盛夏草长，交通为绝。林中产生一种马蜢，万千成团，大者如蝼蝈，小者亦如蜜蜂，喙长四五分，形同鸟喙，尖锐如利锥，追逐骡马，螫吮其血，毛片为红。故马行经此，头摇耳扇，蹄蹴尾拂，终日不休息，盖畏此荼毒也。而蚊虻之多，更如烟尘。骡马被螫既甚，至惫不能举其体，项间蜢虫丛集成高丘，则葬身其内矣。人行故必携障面之皮氊，仅露两目。

肃慎氏之贡矢，自春秋至晋时，多有之。其矢，或曰楛木，或曰石砮。《柳边纪略》云：楛木长三四寸，色黑，或黄，或微白，有文理，非铁非石，可以削铁，而每破于石，居人多得之虎儿哈河。此楛木之说也。《池北偶谈》⑩云：吴汉槎以顺治十五年⑪流宁古塔，至康熙辛酉⑫归至京师，出一石砮，其状如石，作绀碧色，言出混同江中，乃松脂入水年久所结，即所谓肃慎之矢，此又石砮之说也。楛木、石砮是一，是二，已不可知。当时以此为镞，所出必夥。今则此物不可得见，即见亦无识者矣。

唐时，扶余国贡火玉及松风石，皆吉林旧产也。又松花江向产松花石，可当砚质。今则此等宝物皆不可得，岂地质有变易耶？抑人不能知而弃藏于地耶？

金时乐器有腰鼓、芦管、琵琶、方响、筝、笙、箜篌、大鼓、拍板之类。今诸乐中，芦笙间有见者，琵琶、箜篌俱已失传。而吉林接壤之蒙古郭尔罗斯公前旗地内，尚有琵琶，妇女多于马上弹之，其制较之关内常用者为大。箜篌则日本颇有能者焉。

瞽者卖卜街头，每吹短笛，其声呜呜，与关内之音调迥异，讵玉关羌笛流传至此欤？又有瞽者吹一圆物，以葫芦制成，有孔，可按韵，殊凄切。考其制，似埙，然非土质，其为芦管无疑。回视中原古乐全渺，礼失求野，此其一也。

清高宗巡行吉林，采询土风，以二字成语者为题，曾制诗十二章。其题曰《威呼》，小船也。曰《呼兰》，灶突也。曰《法喇》，扒犁也。曰《裴兰》，榆柳小弓也。曰《赛斐》，匙也。曰《额林》，搁板也。曰《施函》木笛也。曰《拉哈》，圬墙所缀麻也。曰《霞绷》，糠灯也。曰《豁山》纸也。曰《罗丹》鹿蹄腕骨为戏也。曰《周斐》桦皮房也。此皆满语之名称，今惟小船仍称为威呼。他如糠灯，如榆柳小弓，如鹿蹄腕骨之戏，俱失其制，故名亦无存。其余用物，则多与汉语同称矣。

《后汉书》三韩立苏涂，建大木以悬铃鼓，事鬼神。满人杆祭之俗始此。考满俗，向又有夕祭之礼，以家主为司祝，束腰铃，执手鼓，盘旋踏步。又以大小铃七枚，系桦木杆梢，称曰神杆。见《会典》。记者见近人著有《软红尘话》一书中云：乾隆帝尝于除夕与孝贤后坐土炕，手弄三弦而歌，盖满人旧俗如此。

满洲人最爱敬乌鸦。当前清初立国时，国人叛乱，其国王樊察，逃窜荒野，追者将及，为乌鸦所蔽，得免于难。以是深德鸦，世世子孙戒勿杀焉。《通鉴》作神鹊，其说微异。

又其先祖当年创业艰难，曾入山剜采野菜，持有一竿，名曰娑腊竿，用以披草莽而备捍御。其竿不甚长，顶有圆碗式盖，插之于地，就碗中以贮食物。食毕以其余物招乌鸦食之。故今之满人家院中，犹树此竿，朝夕焚香供奉。遇有家祭，杀猪以祀祖，猪之肠肺则置于竿顶之碗中，以祭乌鸦，亦不忘祖德之意也。

满洲祭祀，有祭星，有祭祖。或一年一大举，或数年一大举，盖所费亦多矣。祭之前一日，捣米为糍，谓之打糕。翌晨献牲于神前，名阿玛尊肉。至晚，复献牲如晨礼。撤灯而祭，名避灯肉。祭祀之肉不得出门，惟避灯肉可以分馈亲友耳。次日则祭院中之杆，以祭牲脏背，生置其中，用以饲鸦。又以猪之喉骨贯于杆梢，再祭则以新易旧，不知何义。

萨玛教为满州人所通奉，其名见诸《北盟录》，盖金时已有之矣。凡祭祀祈祷，必跳神，名曰叉玛，即萨玛之别音。跳神者大类疯剧。头戴尖帽如兜，帽之缘檐缀五色纸条，下垂蔽面，外悬小镜二，如两目状，身着长布裙，遍系铜铃，击鼓蹲舞，口作满语，喃喃不可辨。有跳家神、跳大神之别。跳家神者，祭祀用之，一族之中多有能者；跳大神则专以治病惑人，即神巫是也。

校记：

〔1〕"为"，疑作"释"之误。

〔2〕原作"千"，误，今改为十。

〔3〕原作"棵"，误，今改。

注释：

① 924 年，即渤海末王十八年。

②1696 年，即康熙三十五年。

③墩，或作蹲。

④宣和，1119—1125 年间宋徽宗年号。

⑤崇道，宋无"崇道"年号，原书有误。

⑥熙宁，为宋神宗 1068—1077 年间年号，凡十年。

⑦即《三朝北盟会编》。南宋徐梦莘撰，著述宋、金之间交涉史事。

⑧永乐，明成祖年号，1403—1424 年，凡二十二年。

⑨1897 年。

⑩清王士祯撰，记述明清掌故，凡二十六卷。

⑪1658 年。

⑫即康熙二十年，1681 年。

鸡林旧闻录（三）

　　明奴儿干永宁寺碑有二，在今俄属东海滨省特林地方。往年曹君廷杰筹边至此，得拓本而归。余顷借观，惜碑文已漫漶，可辨认者仅半。后有潜江甘君云鹏跋尾，考订精确，洵宝物也。是二碑：一为明永乐十一年①所立；一为"重建记"，宣德八年②立。皆记太监亦失哈抚谕奴儿干及东海苦夷事。永乐时立碑较大，碑阴之右，有朝鲜谚文三百数十字，左刻一文其字数称，是碑额亦作是文。细审是文，有类蒙文而微异。窃意满文始于清祖，此或为明初东夷习用之一种字体。兹缩摹碑额原文，以俟通习古文者审定。特第一字已模糊，恐错误耳。宣德重修，碑记两侧则刊梵语一句，书以四种字体，左右如一，未知镌自何代，为汉文、唐古特文、朝鲜文，其下一文，亦未识属何体是文第五字已泐。（图略）

　　永宁寺碑，甘氏因文多磨泐，特摘录其略云：奴儿干国，其民曰吉列迷，与苦夷诸种杂居。地不产五谷，非舟莫至。洪武间遣使而未通。永乐九年③，遣内官亦失哈等率官军二千人，巨舡四十五艘至其国，抚谕之。设奴儿干都司，收集诸部人民，使之自相统属，岁捕海青方物朝贡。十年④，亦失哈等载至其国，自海西抵奴儿干及海外苦夷诸部，给以谷米、衣服、器用，宴以酒食，皆踊跃欢欣。宣德初，官遣太监亦失哈部众至。七年⑤，亦失哈同都指挥康政，率官军二千，巨船五十，再至云云。甘氏原跋云：此事《明史》不载，《明史·兵志》第言洪武、永乐间边外归附者，官其长为都指挥、千百户镇抚等官，赐以勅书印记，设都司卫所，有都司一，曰奴儿干，如此而已。至所以来服之起原与设置之年月，皆不详。明成祖锐意通四夷，奉使多用中贵；西洋则郑和、王景宏；西域则李达，迤北则海童，西番则侯显。《明史·宦官传》书之特详。亦失哈，亦以内监四使绝域，观是碑文，亦当时大事，乃隐而不书，非此则明初抚纳东北之事，竟无从知。金石遗文可补正史之阙，不虚也。碑有其民曰吉列迷，与苦夷诸种杂居之语。吉列迷即济密弥尔之对音，即《金史》之济喇敏，《元史》之帖烈灭也。今自海口溯江而上，与济密弥杂居两岸者，有费雅喀、赫斤各部，即碑所谓诸种野人，盖皆明奴儿干地也。苦夷，即苦页之对音，其为今混同江外之库页尔岛，已无疑义。即桦太。然则明奴儿干都司所领，殆远及海外。《明史·兵志》谓：奴儿干都司领卫三百八十四，所二十四。即碑所谓收集诸部，使自相统属者也。杨宾《柳边纪略》以宁古塔为奴儿干都司地，以是文考之，实其治所辖境乃最广漠耳。

按：特林在今俄东海滨省庙尔城上游二百五十余里，有岩石陡临江流，是二碑即矗立其上。今永宁寺被俄人改为喇嘛庙，碑在庙西南百步，下山沿江行里余，有古城基，周二三里，市街古迹宛然。庙尔，旧时俄国固必尔那托尔驻此，嗣移伯力。呜呼！乌苏里江以东土地割畀俄人，迄今五十三年矣！吾汉族绥边伟绩，惟兹残碣犹可考寻。然而伊吾废垒，受降古戍，凭吊当年，弥增感慨已。

又按：奴儿干，《明实录》作尼噜罕。明于今日东三省中，北如硕隆山卫、穆河卫，皆在今江省呼伦贝尔区域；东如尼满河等卫，及上述之奴儿干，则在俄属东海滨省，其建置不为不广。特自开原以北不过给付印符，遥领于辽东都指挥使，与明廷关系盖甚薄弱，比之唐代羁縻州之例，犹恐不及。且考之明代实录，在关东设置卫所，俱在成祖初年，有年月可记者，其地较近设置较先，远者亦较后，大抵始永乐二年至十四年⑥，其后未见有续设者。

又按：吉林城东十二里，沿江石壁，满语谓阿什哈达。有摩崖字四行，首行书"□□□□□奉兵马阵前将军辽东郡都指挥使刘书"。明代无辽东郡，盖袭用古地名者。凡二十一字；次书"永乐十八年⑦领兵至此"，又"洪熙元年⑧，领军至此"，"□□七年领军至此"。盖一人而三次行军，镌石自记者。此可证明代东征悉赖水师，藉松花江以济，而吉林乃其航行之始，亦足补《明史·兵志》之阙。

阿城县南四里，金上京会宁府之故都也。历年发土得北宋崇宁钱及古镜者无数。昨年又得有六角石塔一截，上刊云："上京会宁府宝胜寺僧人□□牌"。铭志字迹已多模糊，可辨识者得三十九字："僧，保和县人，俗姓于氏，天会[1]□年生人。十一岁父母许放出家，□到本府兴圆寺，至皇统元年，试经受戒⑨。"

昨年，又得一残碑，只留百数十字，因上下断截，不能成文，中有骈句云"西眺辟雍，儒生盛于东观"，盖金之太学碑也。史载：大定五年⑩，令明安穆昆子弟各就上京大学；后又制女真字，专立女真大学。金源当世宗年间⑪，文教渐兴，且曾临幸上京，一切创备。今于夕阳禾黍中读此残文，犹可想见当年规模之阔大已。

按：前年夏，闻日人在此掘得一巨碑，字迹完好。旋为当道闻知，未许携以归国。今尚存哈尔滨观察使署。余意此故都旁近埋藏地下之金石必犹不少，以自来未有搜剔者也。

金得胜陀碑，《吉林通志》载其全文。道光三年⑫，旗员萨英额所录也。吉省中辽金金石留遗至鲜，此石屹然尚存，至可爱护。光绪十三年夏，曹君廷杰摹拓数本，即将断碣痊于赑屃南而置额于上，今又二十余年矣。弃掷土中，未知存在否。癸丑春仲⑬，余向曹君假拓本归，观玩数日，碑文磨泐者已十二三字，作率更体而尤朴茂，额题"大金得胜陀碑"六字。篆额之党怀英，撰文之赵可，《金史》皆有传，惟书丹之孙侯无之，系衔作咸平府清安县令，其官微矣。拓本长官尺八尺五寸，阔三尺二寸，计此石高度必有丈许。正面汉文三十行，最长一行七十八字，碑阴十二行，女真字。碑在吉林新城县治东，拉林河西，距松花江四十里，土人名其地曰石碑崴子，东距东清路线极近。盖金太祖誓师地也。金祖伐辽，进军宁江州，今乌拉街。次寥晦城，诸路兵皆会于涞流水，即拉林河一声之转。金祖举酒酹国相撒改曰：他日成功，当识此地。见《金史》本纪。及战，大败辽师，遂名其地曰得胜陀云。至大定二十五年[14]，世宗东巡，始命词臣作颂纪功，刊诸贞石，即此碑也。惟大定立碑，史未及载，此则可补史之缺者。碑云：大定甲辰[15]……驻跸上都……明年夏四月，诏以得胜陀事访于相府，谓宜如何？相府订于礼官，礼官以为昔唐玄[2]宗幸太原，尝有《起义室颂》；过上党，有《旧宫述圣颂》。今若仿此，刻颂建字，以彰圣迹，于意为允。相府以闻，制曰可。

　　双城子，俄名尼古拉斯，东距东宁县一百四十里，以东西二城得名，满洲古城也。相距四里许。俄人以西城不吉，半为葬地。前清《一统舆地图》：东城曰傅尔丹；西城曰朱尔根。有古碑一，在东城，字迹剥落，仅存"其台"二字。台字旁写，疑左半字已蚀；又有一行，存"宽永十三年[16]湖北进马"九字。湖北殆指兴凯湖北，今密山县地。相传马字下尚有"三千匹"三字，今已靡可仿佛矣。碑承以赑屃，旁一古墓，旧有石人、石兽，早被俄人毁弃，碑石亦中断。距墓丈许，又有古墓一，闻昔年俄人曾发掘丈许，迄无所得，乃止。

　　　　按：宽永系日本后水尾天皇年号，当明朝天启、崇祯时代，适日本丰臣秀吉征韩以后。据日人井上氏《东西年表》，日与朝鲜媾[3]和，在宽永纪元前十六年[17]。碑文所记贡马事，论者必疑朝鲜之关系。其实，自高勾丽灭亡后，朝鲜疆土迄未逾图们江北，双城子更北进千余里，是与朝人断然不涉。余意日本自来诸藩专政，战争之事各不相谋。（明代倭寇，悉萨摩藩为主动，是其明证。）在明季世，必有一部分兵力跨海西略，及今俄领沿海滨省者。证之济密弥人向西山国穿官之事（见前）亦其一证。又今海参崴东北七百余里，华名苏城沟，有古城，土人谓系宽永帝时大将建牙之所。（据枝江曹氏说）似日人振势于东海之滨，确有依据。特翻日本国史，讯之彼邦史学专家，俱不能道其所以。姑附记于此以存疑。

　　俄人中之鞑靼诸族及东海滨一带俄人，称吾国曰吉代。刻彼国后贝加尔线开特洛瓦站歧出南线，通接我国东清线之首站，即名吉代矣司季克，表示所向也。吉代语音，盖即根于契丹，近人谓东西国之称中国，大率为契丹之音转，证此良确。无锡薛福成亦主此说，惟谓法兰西人称中国为兴，疑系秦之讹转。以法国源出拉丁，吾国汉时称罗马为大秦，彼亦遂号吾国为秦云云。

　　金太祖命完颜希尹仿汉人楷字，因契丹字体，合本国语，制女真字。皇统^⑱时，尝制小字，后又设女真国学，似当日推行颇广，今则无人识其字之作何状。往年宁安县西沙兰站，发土得古镜，背有"俗""鵗""窗"三字，盖即金源之国书。近见得胜陀碑阴拓本，其结构绝类。余谓此项点画，要自成东夷之一种字体，契丹字已不可考，但既云因其体，谅必近似。再参观朝鲜今所谓谚文，则又大同小异。即日本假伊、吕、波汉字偏旁，自百济传入为片假名之字体，亦金祖所谓仿汉楷之意旨耳。世有研究东方语文学者，此亦要义也。清初达海制字，系取元国师拔思巴所制蒙文四十九字头，别加圈点，是蒙字之变体，渊源既异，故独不同。

校记：

〔1〕原作"天庆"，当为"天会"，今改。金天会为1123—1137年，凡十五年。

〔2〕原作"元"，应为"玄"，乃避圣祖康熙帝讳，今回改。

〔3〕原作"构"，当为"媾"，今改。

注释：

① 1413年。

② 1433年。

③ 1411年。

④ 1412年。

⑤ 1432年。

⑥ 1404—1416年。

⑦ 1420年。

⑧ 1425年。

⑨原书有误，实得三十八字。

⑩ 1165年。

⑪1161—1189年间。

⑫1823年。

⑬1913年。

⑭1185年。

⑮1184年。

⑯1636年。

⑰1607年。

⑱1141—1149年。

鸡林旧闻录（四）

　　自来中国兵力能及今吉林省界者，只两度：一在三国曹魏时。《魏志》：毌丘[1]俭讨高丽，绝沃沮千余里，到肃慎南界，《松漠纪闻》：肃慎城在渤海国西三十里；《元一统志》渤海上京城，古肃慎也。按渤海大氏故都，今宁安县东京古城是。其进师之道史不详，大抵与清初绕避叶赫、乌拉，攻取野人卫之师一辙，必沿混同江佟佳江。上游，以东北进者。缘其时，朱蒙之裔建高句丽国，方振势于浿水沿岸，今鸭绿江。毌丘追剿败军遂至于此。一在明洪武二十年①，冯胜攻元太尉纳克楚②于金山，金山，《满洲源流考》作额勒金山，今名馎馎图山，在奉天辽源县界，东辽河汇口北二十里。纳克楚分军为三，其一军于隆安伊图河，即今农安县境之伊通河也。胜率师进压其营，乃降其将士妻子。在松花江[2]北，胜遣和通谕降之。计其地望，盖在今新城界矣。然是役以后，永乐、洪熙间，师船东发，累次击并诸夷。见前。武功之盛，亦足照耀史册。惜明自中叶以后，威德不张，前功卒隳耳。

　　　按：吾国帝王武功之盛，无逾汉、唐。顾于吉林一省，独无军事地理关系，即三国时毌丘俭、明初冯胜两役，亦俱以追讨故及此，且仅及吉林边界。后之水师累出，亦只耀兵于东夷。括言之，自古中国兵力未有震慑松花江以北，能永久保存胜势者。[明成祖兵力，及今江省呼伦贝尔，则自开平（多伦诺尔）至库伦海子（呼伦湖），系由漠南进师。]盖累朝为保固燕齐所以用兵辽东；内卫中原，所以攘寇大漠。吉省僻远，适非争点，遂若瓯脱，形势然也。顾今则轮轨交通，于兹缩毂，介居南北满洲，俨为襟要，古今地理之不同，相悬绝矣。

　　　又按：日本人前年曾在辽东掘得残碑，作八分书，中述曹魏用兵高句丽之事。日人如龙居、版本等地志[3]学家，俱证为毌丘俭之记功碑。有日人天籁生者为之序，摄印于《满洲日日新闻》，推为满洲金石之最古者。

　　今日吉林省西半，当明中叶以后，实惟扈伦四部之故土，明人称为海西卫，亦称南关、北关是也。四部中，以那拉氏之叶赫部尤强大，俨然执牛耳焉。而其壤地亦最得形势。今伊[4]通西南百四十里，赫尔苏州同治所稍西，有叶赫站，即其故都也。明人与满洲互市于北关，恃为中外大防，今开原县边台口。

即赖叶赫屏蔽关外耳。及万历四十四年③，明朝四路援师皆败于抚顺，满兵乃克铁岭卫，再克开原卫，攻破北关，以北拊其背，而叶赫之后援已绝，未几遂亡。斯时辉发、今奉天省辉南县辉发河北。乌拉、今吉林省东北六十八里之乌拉街。哈达，哈达河西入辽河。今威远堡边门内东南有古城，即哈达故都。早经蚕食净尽。南关亦久亡，在开原县东南约六十五里。明于此市易，亦称广顺关，即威远堡边门也。而明代边祸，自此中于辽西列戍防秋，疲于奔命矣。

按：万历四十一年④，叶赫贝勒锦台什使告明曰：扈伦四国，满洲已灭其三，今复侵我，必及明矣。可为叶赫后亡之证。

又按：扈伦非满族也，后乃与混和。考其先，实出于兀良哈之蒙人，为元功臣济拉玛之后。明太祖既平元，因处兀良哈于辽西，分朵颜、泰宁、福余三卫。永乐靖难功成，三卫益强，然北御鞑靼，东捍诸夷，明边亦赖以无事。及正统⑤时，也先之扰，（也先亦非元裔，实沃奇温氏别部，达延之后，清初所谓准噶尔即其苗裔。）三卫分散，有远徙杭爱山下者，即今之乌梁海部。其遗族在福余卫东壤，则改称扈伦，（龚定庵曰〔5〕：治塞外舆地学最难，地以族得名，每族徙而名存，亦有族徙而名亦徙者。若兀良哈之为乌梁海，则属第二说矣。）有并未迁徙者，（今内蒙古喀喇沁、西土默特两旗为乌梁海氏，即三卫之的裔。）前清之兴，与扈伦四部有密切关系，顾溯流穷源，应先研究三卫之历史。

又按：今延吉县迤西，沿古洞河源，经长白山西麓，至奉省海龙县界，南达沈阳，向有交通大道，土人呼为盘道。清初当未灭辉发、哈达两部以前，而能略取东海部各族，侵扰乌拉、叶赫旁地，即由此进师。

明代中叶，扈伦〔6〕以东与乌拉部境壤密迩者，则有东海三部，明人所谓野人卫是也。以今地望考之，是三部适占吉省之东半。三部者，同土著满洲，同出通古斯族，即呼尔哈部、瓦尔喀部、渥集部是。按：呼尔哈系河流名，《唐书》作忽汗河，今称牡丹江。满语名穆丹乌拉。凡敦化、宁安、依兰等属，皆该部当年故地。瓦尔喀部亦以河流名，则今奉天东边外之混江是。邵阳魏源云：瓦尔喀江入鸭绿江，两岸皆其部落，人民多自朝鲜侨迁，是今日奉省怀仁、通化、辑安，悉瓦尔喀境也。而吉林珲春县，亦为该部之北境。渥集者，本窝集之音转。见前。据《满洲氏族源流考》，乌苏里江西之木伦部，江东尼满河源之奇雅喀喇，奇雅族俗、地理见前。皆渥集部。又清祖征渥集部，有自归之绥芬部，是今日穆棱县、东宁县、虎林县并俄属东海滨省之尼玛河、绥芬河流域，皆当年所谓渥集部也。

满清未兴以前，在东海三部之东北，而与渥集部紧相连接者，则清纪概以使犬、使鹿别之，明代悉统于奴儿干都司。清廷先后吞并是地，大约已在天命纪元以后，万历四十四年后。其地为今日吉省最东北之临江、绥远等县，迄乎黑龙江、混同江下游两岸，凡咸丰十年⑥割隶于俄，沿东海岸一带是。其人则济勒弥、费雅喀、薙发与不薙发之黑斤诸种是。详前。

　　按：今之临江、绥远、赫斤等人，当年皆属之使犬类。再东北，极于桦太岛，如费雅喀等人，要皆为使鹿类。顾是中种族之杂，殊费研究。据日本龙居氏所调查，大别之凡有九种，而今日血统久淆，已无确当之评断。大概索伦一族为通古斯较纯之种。以答抹哈鱼为衣粮之鱼皮鞑子、散处内兴安之打牲人，皆属此种。达胡尔人则为渤海遗族，实渤海国姓大字之转音。费雅喀与日本北海道之虾夷为同族。且至今日即使犬、使鹿之界说，亦已不能范围。如以使犬论，现在依兰以东，家蓄驯犬冬拽扒犁；汉人迁垦于此，亦多效其俗者。若驾使马鹿与驾使形类马鹿之四不像，今日江省东北，如佛山、萝北等属，随处皆产，西至额尔古讷河流域，亦均多此物。矧其地，亦有并驾犬者，是难执一论矣。四不像，古书又谓之麋，前编已详。

　　明季陈仁锡仿《艺文类聚》[7]之体，著《潜确类书》，凡分千四百余门。其十四卷"四夷门"、十一卷"九边门"，俱详述满清入关以前事。《四库全书禁书总目》称其语极狂悖，将版劈毁。近京中得崇祯朝原刻，特将"四夷""九边"条抄录，将即印行，语最确实，诚至宝也。缘乾隆忌刻已甚，凡宋、元后名人著述关于满洲者，一概删弃。《明史》亦多嫌讳，不敢采辑，故真相不存，是非全失。此编虽寥寥数百字，而价值实有足重者。爰先将原书"四夷门"收辑黄道周所撰《博物典汇》第九卷后《建夷考》一则，刊载全文：

　　今女真，即金余孽也。国朝分为三种：曰建州，曰海西，曰野人。永乐元年[7]，野人酋长来朝，建州、海西悉境归附。先后置建州等卫，置都司一，曰奴儿干，以统之，官其酋。当是时，建州卫指挥阿哈出及子释家奴等，皆以有功赐姓名，官都督同知，此建州之始大也。正统时，建州卫指挥董山，煽诱北虏入寇，杀掠不绝。景泰中，巡抚王遣使招谕，稍归所掠，复款关，后以赏赐太减，失望，董山纠毛怜海西诸夷，盗边无虚月。成化二年[8]，遣都督武忠往谕，檄致董山，羁广宁，寻诛之。命都御史李秉、靖虏将军赵辅，督师三道入捣其巢，夷稍创，始乞款贡。嘉靖二十一年[9]，建州夷李撒赤哈等入寇，巡抚孙绘御之失，亡多。亡何，抚臣于教坐减赏物，夷人诈，更诈杀诈者。夷由此挟怨，数入塞杀掠，如成化时。万历二十八年[10]，今建州奴儿哈赤[8]袭杀猛骨孛罗，其势始悍。猛骨孛罗者，与那林孛罗，俱海西部落，与奴酋二家俱封龙虎将军。猛最忠顺，虏或入犯，辄预报，得为备，诸夷皆心恶之，奴酋尤甚。会猛酋与那酋相仇杀，猛力不支，请于边吏求救，不许；愿得乘障扞边围，不许，遂求援奴酋。奴酋悉起兵，以援为名，佯以计袭杀之。边吏因循不与较，奴酋自是有轻中国心。又先是，奴酋父他失，以内附，边吏贪功执杀，于是抚镇以计非是，匿不报闻，乃奴酋故恨恨也。（观此，清太祖所谓七大憾告天之事，可以见其大概矣。）日与弟连儿哈赤，厉兵秣马，设险摆塘，自三十四年贡后[11]，以勒索军[9]粮为名，遂不复贡。时拥众要挟，凭陵开原，边吏禁悸，莫可如何；抚镇相倾，皇皇以益兵请，而不知跋扈之势已成于袭杀猛酋之日矣。

按：建州卫，即今兴京地，所谓赫图阿拉是也。海西卫为扈伦四部：叶赫、乌拉、哈达、辉发。今伊通州、吉林府、开原县、辉南厅是。野人卫为今宁安府以东，直迄乌苏里江左右地。董山系清之景祖；他失，清之显祖；努[10]儿哈赤，即太祖。猛骨孛罗系哈达部酋，（《开国方略》及魏默深《龙兴记》作蒙格布禄）当明万历时为扈伦四部之盟长。那林孛罗系叶赫部酋，那林即那拉之音转。阅者考证此记，再翻阅万历后之《明史》，益瞭然矣。

《钱牧斋文集·岳武穆画像记》，有满清以王皋之余孽，鸱张荼毒云云。窃疑此说甚创，后阅《庄氏史案》⑫，内称：此案之所以罹重法者，原因该书曾载王皋之孙为清之德祖建州都督，即清太祖奴尔哈赤云云。辄又疑与牧斋之言若合符节，两书俱成于前清顺治朝，必有所本。昨得钞本杂志一本，此说原委乃悉备焉。亟录之，以供快睹。

清室自称其姓为爱新[11]觉罗氏，其实已数易矣。当其占据奉天时，山东有王皋者，家赤贫，无以糊口，遂乘帆船抵复州，以采猎为生。一日，顺治之母亦率群姬赴山中采猎，忽起一鹿，连发三矢不中。适王皋与邓某（绰号邓胯子者）。负吊矢至，迎面来一鹿，大如驴，行走如流电。急挽弓拔矢，一发而殪。及顺治之母乘马追至，鹿已带矢毙，遂将王皋招至马前，见其魁武雄伟，赳赳之象无出其右者，大喜，问其乡里历史，王一一告之，愈喜。因将王及邓带回宫中，以为己之护卫。由此，每出猎必使王为前驱，久之遂有染，而生顺治。顺治七岁，即勇健有力，能扛五十斤之石鼎，且颖悟非常。其父恐其长或知非己出，将不以父待己，遂使邓回家，暗遣人于途中杀之。故至今奉天一带，犹有"打发邓胯子回家"一俗语，即谓戕其命也。既而又因事斩杀王皋以为灭口之计，讵料王尸不倒，乃使顺治跪于王尸前呼之为父王，尸乃倒，遂葬之于其祖茔。故直至清末，每祭其祖，必先祭王皋。吉林亦有"先祭王皋，后祭皇陵"之谚。某某山上，又有王皋石之纪念。是其未入关之前，已易姓王矣。

按：哈达河北，哈达古城东，有王皋城。张刻奉省图，作王皋。

满清之始，居俄谟辉之野，鄂多哩城，即今鄂摩和站。一作额穆索。在敦化县治北，四年前已设额穆县治。清纪所谓布库哩湖天女朱果诞生圣帝之说，今敦化县东有布库哩山，山下有池。年前，敦化令某，访得其地，立石湖边，题曰：天女浴躬处。附会荒诞，殊不取也。额穆县东距吉林三百九十里，当牡丹江之源。江下游为宁古塔，为三姓。清纪云：先有三姓搆兵，奉以为主。又云景祖兄弟六人分居，遂号宁古塔贝勒。盖满清远祖实沿牡丹江以廓展势力，比之辽金，亦犹耶律氏之潢水，完颜氏之按虎出水也。即阿什河。

满清之兴，自四贝勒即清太宗。夺得辽河以东，迁居辽阳，改卜沈阳而后脱离野蛮，强自冠带。故自四贝勒以降之支派，称宗室，用黄带，以上直无谱牒可考。遂于同部之子孙，概冠以觉罗两字，别用红带。满洲文字为达海所造，满人称为圣人，其支下子孙，定例不挑秀女，特用紫带。奉省满人中，宗室甚多，吉林绝无，即此故也。满洲八旗之氏族，共有著姓二百九十余，而以八大姓为首，其属籍均列正白等上三旗。其世系半出自吉林，曰瓜尔佳氏，费音东之后，与钮祜禄同为满洲旧族，今政体改革，满人悉冠汉姓，以切音改为关姓。曰钮祜禄氏，额亦都之后。曰舒穆禄氏，扬古利之后。曰那拉氏，扈伦叶赫部之后，今伊通州南。曰栋鄂氏，世称顺治帝祝发于五台之清凉山，原因于一女，即栋鄂后是也。旧部为今奉天宽甸县。曰辉发氏，扈伦辉发部之后，今奉天辉南县西北。曰马佳氏，图海之后。曰伊尔根觉罗氏，费扬古之后，此姓乃另一部族，与红带子之觉罗各别如苏苏觉罗、西林觉罗，皆非清廷之同部，但有扈尔汉一部从其父扈喇虎率属来归，本姓佟氏，赐姓觉罗，然亦不准用红带。以上八氏，尚主、选妃，不外乎此。然那拉氏，实清廷之世仇，当万历时，叶赫部倚明为重，抵抗满洲。明朝为发二十万兵，四路攻清，明师卒败。累世夙仇，惟该部称首。

八旗氏族著姓除八氏外，则称为希姓，有精吉氏、萨尔都、富察[12]、完颜等三百四十余姓。又满洲旗内之蒙古姓氏，有博尔济吉特等二百三十余姓。又满洲旗内之高丽姓有金、韩、李、朴等四十三姓。又满洲旗内之汉军，有张、李、高、雷一百六十余姓。凡属满蒙八旗内，俱称名而不举姓，以其名之第一字相称，如姓氏然。其名，汉文只用二字，不用三字，恐与满语相混，若四五字者，则满语也。今满汉大同，旗人冠汉姓者甚多，如汉军等本系汉姓，无所变更，若旗姓则大抵以切音而成，音之准否固不可知，且世家大族尚可考征其乡里，编氓恐祖姓早已忘之矣。

当前清开国时，汉军旗与满洲八旗界限甚严，饮食坐卧俱不得同在一处，出军，则备充前敌；驻扎，则别为一营；官级只能就汉军中升擢，不能与满蒙八旗相掺，其歧视类如此。至末后亦渐融和无间矣。

东三省为前清故地，而防察之严，实有甚于他省者。向例五年遣使按临，盘查仓库，点验军装。总在冬季往返，不但驿站疲于迎送，各城供给竟至一二年不能弥缝其缺。嘉庆二十三年⑬，将军富俊奏止之。又吉林[13]副都统年班进京例应二员，遇将军年班，副都统亦去一员。长途往返，耽延时日，以致署缺之员，多存五日京兆之见，于事废弛。道光六年⑭，亦经将军富俊奏请，准以将军年班，副都统无庸进京；副都统年班，轮替一员进京，无庸二员，藉重职守云。

吉林省城北山下，有演武厅故址。厅对北山，山有九峰拱卫，土人称为九龙之象。有勘[14]舆家谓此地有王气，如私葬厅前，其子孙必贵为天子。此语达于帝都，康熙朝遣人至此凿毁数峰，并谓土门岭有两峰对峙处为龙过脉，亦凿断之以破其兆。虽不经之谈，而清廷迷妄忮忌竟如此。

吉林都督府之西偏，当未改行省之先，即为将军府。其东偏之公署及督练公所等，系改行省后购买民房以拓建者也。将军府之后址，旧有太和宫，为前清乾隆帝巡行驻跸之所。穷年封闭，避不敢入，风雨摧残，日就倾圮，乃撤去，筑为园亭。所谓太和宫者，有殿五楹，其中空无所有，惟一黄色宝座而已。

东出吉林城五里，有龙潭山。山中生树一株，名曰帝王树，不知其说始何时也。每岁初夏，长官皆往祭之。数年前，其老树忽萎，有小树旁生，初亦欣欣向茂，今改民国，祭典已废，其小树亦萎。奇哉！

按：龙潭[15]在山顶，终年不涸，下有泉脉通松花江。昔为祈雨之所，庙中有乾隆时福康安所撰楹联。所谓帝王树者甚小，两根株相偎倚，类连理，古干已枯，迄不辨为何种。

前清时代吉省之封禁山厂计八九处，俱隶于内务府。计乌拉街特设打牲总管一员，有四合霍伦、舒兰等处贡山，又在伯都讷有菠梨贡山，年采鳇鱼、花鹿、松子仁、蜂蜜而进之内廷，系专备奉先各殿祭品者。又有凉水泉、喀萨哩及大通七处包套地，则牧厂也。于吉林、宁古塔、伯都讷三处，又各有官庄一处。自道、咸以来，将山地、鱼圈、晾网地，陆续开放，已悉成民产。舒兰于己酉年[15]并已设治，刻政体改革，内务府行文吉省澈查，计惟在乌拉总管所辖之四合霍伦贡山。东至拉林河，西至帽儿山，南至万寿山，北至杉松岭。与在新城县境内之菠梨贡山，东至九道城子，西至三家子，南至大方、中正、八井子，北至双龙山。二处仍列入皇室私产，时享品物，俾无废礼。

校记：

〔1〕原书俱作"邱"，今改"丘"，以下不一一注出。

〔2〕原作"河"，今改。

〔3〕原作"质"误，今改。

〔4〕原作"依"，今改。

〔5〕原作"菴"，今改。

〔6〕原作"仑"或"伦"今一律改为"沦"，不一一注出。

〔7〕原作"叙"，误，今改为聚。

〔8〕原书凡努尔哈赤俱作"奴儿哈赤"或"奴酋"亦然，此为音译之同音不同字，为保持原

著面貌，一律仍旧。

〔9〕原作"车"，误，今改。

〔10〕原作"连"，误，今改。

〔11〕原作"亲"误，今改。

〔12〕原作"蔡"，误，今改。

〔13〕原文"吉林"下衍一"省"字，今删。

〔14〕原作"堪"，误，今改。

〔15〕原文"龙潭"下衍一"山"字，今删。

注释：

① 1387 年。

②亦作"纳哈出"。

③ 1616 年。　④ 1613 年。　⑤ 1436—1449 年。

⑥ 1860 年。　⑦ 1403 年。　⑧ 1466 年。

⑨ 1542 年。　⑩ 1600 年。　⑪1606 年。

⑫ 记述庄廷钺编纂明史而引起的文字狱始末。此案株连甚广，多人被杀或被流放。

⑬1818 年。　⑭1826 年。　⑮1909 年。

鸡林旧闻录（五）

满洲古为城郭射猎之民族，与蒙部逐水草迁徙者不同，故即吉林省中古城之遗留于今者，不可胜数。犹有睥睨巍然，基址具在，或废垒颓墙，仅存隐约，而什有八九皆累土为垣。若土人之相习名称，如：石头城子、小城子、半拉城等类，留传未改而旧迹无存者，尤往往而是，可见近古时期其城尚存在也。大抵地方农垦愈辟，古时建筑愈湮，自是必然之势。恐再阅数十星霜，欲问当年城郭之残形，益难寻觅。兹特就平昔所睹，记列为左表，遗漏者当犹大半，不第补《柳边》之志乘，抑亦历史地理最有关系之证助也。

余考见古城，每多两城并峙。在今吉林东边，如松花江下游及俄领乌苏里江右岸，则所见尤多。意古时必有兵事、国界上关系，两城中间当系扼战争之冲。

吉林县一

省东北六十八里，有乌拉城，在松花江左岸。明代扈伦四部中乌拉部之都会也。中有一土台，相传为不花公主点将台。此城为辽、金宁江州治，是台即当时建筑物。清祖未攻灭乌拉以前，曾先破其沿江五城，许盟而还。事万历四十年。[①]今日吉林省垣即五城之一，特改建矣。

磐石县一

辉发故城在今磐石县之南境，奉省辉发河滨，城址在奉省辉南县界。明代扈伦四部中辉发部之都会也。其城周围仅半里许，地址浮起，而坤墙之影隐约可辨。天阴雨湿之际，往往望见故城，白气蒙蒙，亦一异也。

辉发故城，须于岭上临高下瞰，全址在目。此岭高处曰茶尖站，清高宗巡行至此，曾打茶尖，故名。

按：纪晓岚《滦阳消夏录》亦载乌鲁木齐昌邑古城，当早雾未收，每见城垣幻影。近代科学发明，疑其中必有原理。

阿城县三

阿城县迤南四里，为金时之上京会宁府，土人名为白城，又似败城。北音无入声，二字最易混淆也。或云，金尚白，故名。城长十里，址高丈余，四面有门，傍皆有高台，内为圆形，盖即当年之内城。土人相传二百年前，城之楼堞，砖石砌成，草长苔封，甚为完固。嗣为阿勒楚喀副都统运去建筑阿城。<small>今县治。</small>古迹遂尽湮矣。城中心又有一小城基址，疑系当年之禁城。其南门，有土岗稍高。现在城中已半成菜圃，去年耕地者尚掘出银块，形似马蹄。至居民之得有古铜镜、刀剑、遗镞者尤多。日人踵接来购，土人不知保存，得值辄售去。春夏雨后，废垒中每有古钱发现，多北宋崇宁②大钱。土俗于建筑屋宇时，恒觅此古钱置诸础下，亦有用古物者，乃仍埋诸地内，遂少传流。

按：许亢宗《奉使行程录》、徐梦莘《北盟会编》，俱有会宁记事。徐云：近阙去缴盖，有冈围绕，高丈余，皇城也。至门，就龙台下马，捧国书自山棚东入棚。左曰桃源洞，右曰紫极洞，中作大碑，题曰翠微宫。有殿七间，甚壮，额曰乾元殿，阶高四尺许，阶前坛，方数丈，名龙墀。又，《金史》皇统六年③，上以上京会宁旧内太狭，役五路工匠，撤而新之，规模仿汴京。上所云：傍有高台，复云南有土冈，举以相证，当年规制犹可仿佛也。

《金史》云：上京路即海古勒之地。今阿城县东北，有大海沟、小海沟二河，语音尚吻合也。明为岳希阿实卫地。清雍正四年④，设协领于此，因更[1]为阿勒楚喀。乾隆二十一年⑤，增设副都统。宣统元年⑥，裁改阿城县，败城故址今尚宛然可认，西南两面横纵各有十里，而东北面皆缩进五里，仅及西南之半。全城形势遂如凸字，中有南北横城一道，偏西又有小城一，约二里。是城之南，有土阜二相峙，各高二丈余，周二十余丈。由两阜中向北进，有高阜数层，每层高出二尺余，长约二十余丈，相传为殿基也。其旁，土垒断续，盖即宫墙遗址耳。《金史》云：献祖徙居海古勒水，始有栋宇之制，遂定居焉。崇闳魏象，犹可想见当年帝制之尊也。出外城而西半里，另有土阜一，城南三里亦有土阜一，高度相等，俗呼一为斩将，一为点将，诞说也。县境内另有高丽城一，驸马城一。

敦化县一

敦化县城东二里余有古城，名鄂多哩，亦名额多力，俗呼为敖东城，一名阿克敦城，土人相传为高丽故城。敖东即鄂多哩之缩音也。往往有得高丽常平钱者。按《满洲通志》："清始祖所居之地，在牡丹江右岸鄂多里城，去宁古塔西南三百里许。"证以地望地名，即是此城已无疑义⑦。城紧靠牡丹江右岸，方广各约半里许，周二里余。东南一门，正傍江边，城四角堞楼，犹隐然可辨，每面城垣间有一高阜，若瞭台然，半多颓圮，存者高尚丈余。内又有土城，周里余，惟一门南向。其中土垒高低已无遗迹可辨。城外有一水泡环绕，由西而东入江，料系当年隍堑。再，江左岸东南约里许，有一高阜，周围数武，有石础二十三块，分列三排，由东而西，前后两排均八块，惟中一排迤东第二块处所已缺，料当时必系二十四块，每排八块也。其石，高二尺余，作六楞形，四周荆棘丛生。过此，有一庙，系近代居民所建，非古迹矣。置石础之阜，约高三尺余，独隆起不与他处地相接。登此北眺南老城，即鄂多哩城。亦呼为老城。恰对其南门，有谓系当年仓库遗址，而荒远无可稽矣。

珲春县一

珲春为金代上京海兰路。海兰河，今亦名骇浪河，在延吉县治南，下游汇图们江入海，古代流传遗迹最多。现县境北六十里，为明之密拉卫，俗名密江，今属珲春德化乡，有古城一。又珲春北，俗名阴阳坎，距离十二里之半拉城，红溪河南十五里之小城子，又河南二十里之碾子山前。又东六道沟营城子，明通肯卫[2]治所，各有古城。计珲邑左右二百里间，有古城五，土人不知何代建筑，均呼为高丽遗迹。按：《金史》康宗四年⑧，高丽筑九城于海兰甸，以兵数万来攻，斡色败之，亦筑九城与高丽九城相对。高丽复来攻，败退，约退九城之军，复所侵故地，罢兵云云。今即废垒败垣，证之历史，犹可依稀辨认，从知土人高丽遗迹之言，盖亦有本耳。

宣统二年⑨，居民王德新在珲春城东十五里[3]许之大麻子沟，得四方铜印一，篆文为"弹压厅印"，幕镌有年号。时署珲春同知为周维桢，收此古印于厅署。是年夏，周衔恤罢官，携赴鄂省。去冬娘子关之变，周与吴禄贞⑩同遭惨死，是印更不知流落何所。

珲春东九十里之塔子沟北山坡，有古塔一座，塔上有字，已模糊难认。塔系大方砖砌成，五寸厚，纵横各一尺五寸有余，坚硬如石。土人拆取塔砖，用作磨刀之石。现在塔根古砖已拆移十之七，塔柱向东南歪斜，而仍不倒。又南山坡有塔基一所，则仅留遗址已。

穆棱县三

穆棱县，明为木伦河卫，东海野人卫中之一部也。今县境有三古城：一在县治正北二里许，曰土城子；迤东三十里许，曰下城子；又东北八十里四平山麓，有四方形之古城一。

三年前，县南东宁县境，曾得古印一，文曰"总统府印"，旁镌"贞祐二年[11]造"。考金宣宗贞祐二年，上京路各官职颇有改革，是印盖金代恤品路总统印信也。

长春县二

刘家城子古城，在县东北八十里；朱家城子大城，在东北百十里，现属德惠县。

宁安县五

宁安西南七十里，有极大之古城，周围几及四十里，城址往往有可认者。洪皓《松漠纪闻》所谓肃慎城，而唐代渤海大氏故都龙泉府是也。《唐书》：渤海王都下临忽汗海，今古城西南紧傍镜泊湖，颇得形胜。土人称为东京城，常于此掘得古钱、古镜。内有土垒，形如三塚，相传为金代某女王墓。千年前建筑物留遗者，吉林省中要当推此。而附近一带，古城尤多。在此城西南二十里上马连河者，周约六里。在牡丹江右岸哈达湾者，周约二里，俗呼高丽城。又正北距县治百五十里富太密地方，城周二里。正北八十里，三通河南，有四方形之古城一，周八里。

伊通县一

叶赫城在县治西南百四十里，明代扈伦四部之叶赫部故都也。今城址划除，殆难指认。

农安县一

今县城即扶余国故都。自魏晋以来，视为要地。唐渤海大氏，即其地改为扶余府。辽太祖平渤海至此，有黄龙见于城上，更名黄龙府。迨金太祖败辽师于涞流水之役，乘马渡河得克，因又改为济州。备见得胜陀碑。未几改隆州，又改为隆安府。《辽志》云："龙安城在一秃河西，即依通河。周七里，四门。"今县治尚仍辽之旧城。外有塔，亦名龙安塔。县名农安，乃取古地名而讹变耳。塔为辽圣宗[4]年间[12]所建，高五丈余，其顶已秃，上多雕刻石佛。又县东北有浮图基，土人称万金塔。在由县西北赴郭尔罗斯南旗之大道旁。今敦化县境亦有万金塔遗址，其名不知何所取义。明初，此地尚称隆安。冯胜征元太尉，军次隆安是也。金扶余路则别为一处，当在今江省东荒各属，兹不赘。

长岭县一

县治西北四十六里，疑系金长岭府故址。

宾县三

半拉山古城，在郡治北三十里。红石砬古城，在西北四十里。乌尔河古城，在西北三十里，亦名驸马城。

五常县一

县南中河傍。

饶河县三

宝清河上游七里星河南，有古城二，相距十余丈，河北一城在富锦界。又迤西，索伦河岸，有古城一。

富锦县七

今县治即在古代黑斤人建筑砖城内。现在山荒渐辟，而古代留遗之城郭要以此为最多。计古城之壁垒完具者，县境内尚有六处：一名瓦利活吞，活吞一作和屯，满语城也。在西与桦川县交界地，北傍松花江，建于岭上，盖山城也。一由此迤东百三十里，有乌龙活吞古城，今尚为赫斤人所居，土名卡尔库玛。又县东南八十里，有古城二，夹七里星河，南北对峙。是河今与饶河县分界，故南城已属饶邑，实为最大之古城。询之土人，俱不知名，新来垦民但以对面城呼之。一在县治西十五里，古名夫替活吞，其旁近地方，今亦名夫替冈，有赫斤人百余户居此，因又名夫替大屯。考此城为古时东方四子部之中点，前清远祖实居于此。据《罗刹外史》。四子部者，一为爱新觉罗部，系清之本部，译汉文曰赵姓。其余三姓所居，即今依兰县是。一系喀噫克勒部，汉译为葛姓，称最旺之族。又汉译苏姓、卢姓二部，未审满洲之氏族名称若何。又县治西门外，有小城一，古名活吞吉利。

延吉县二

县西南一百十里有古城二：一曰东古城，一曰西古城。附近海兰河扼图们江北大路之冲。近年土人于此获古印三：一旁镌大定三年[13]金世宗。"知审计院事印"；一旁镌贞祐二年金宣宗。"上京路万户"钮字号印；一"副统属印"，皆金源故物。此二城盖为金海兰路总管府开府之地。

壬寅[14]春，汪清县地方居民，垦地得铜印一颗，交哈顺站笔帖式祥玉，携至珲春商号同发福存贮，印作篆文，有"兵马使印"四字，旁镌大同二年⑮造，长一寸一分，盖辽代遗物也。

金人安置宋徽宗于五国城，究在何地，已渺不可考。强为解者或云在三姓，或云在伯都讷，或云在阿勒楚喀。类皆于其地得有徽宗遗迹，遂指之为五国城，不知当时徽宗到处迁徙，必不止于一处。五国城特其所止之一耳，其遗迹留传更不能以一处为定也。

宁古塔西南，沙兰站驿路旁有大冢，俗呼二圣墓，人皆疑为宋徽、钦二帝所葬处。考之《金史》，徽宗之丧，金人许归中原；钦宗则葬于金巩洛之原，一归一不归，既有可征而据。《辍耕录》所云："徽宗丧归，固空棺也。"但二帝骸骨倘同留沙漠，当亦不能合窆，且囚絷之人得有抔土[5]已属殊分，孰又尊称之为圣者。是所谓"二圣墓"者，仍一疑题。

　　按：金太宗本纪：宋二帝天会六年⑯徙韩州，（考韩州在今奉天辽源县治南。《辽东行部志》云："州故城常苦风沙，移于白塔寨，后又移柳河。"柳河今名柳条河，白塔名称今仍未改，是韩州固今日科尔沁左翼中旗界，借设辽源县治地也。）八年⑰再徙呼哈路，又《大金国志》云："宋二帝自韩州徙五国城。"考五国城之说，言者纷如。有谓在宁安县者，是援《大金国志》呼尔哈之说也。（呼尔哈河即今牡丹江。）有谓在今依兰左右者，则援《元一统志》之说也。志云："混同江东北流经金上京，下达五国头城，又东北注于海。"有谓在今阿城县南者，日本《凤籁生笔记》言：阿什河旁尚有"雪渊"两字摩崖，系宋徽宗手笔。以上三说，或以依兰一说较近。缘其地适扼松花、牡丹二江之汇口，所云呼尔哈与大江所经，无不吻合，倘据旧史，应无疑义矣。

　　又按：《满洲源流考》云，或谓松、黑二江汇流处有古城，即当年五国城。又《辽·营卫志》云，五国城首曰博和里国。今俄领伯力为唐渤海大氏之渤利州。博和里、伯力，实即勒利之音转，是则五国城者，更在今临江（松、黑汇口）、伯力（乌苏里汇合混同江口东岸）之间，当为依兰东北矣。

中原人士流寓鸡塞者，应莫古于宋之洪皓⑱。遍翻《四库全书》，序述今吉省风土之篇，舍洪皓《冷山集》外，其先未有见也。惟同时许亢宗有奉使行程各记。故溯吉林之人物开化，比之韩公潮州⑲，应首推洪氏。洪使女真，羁留冷山十五年⑳，以桦皮习书，远近向慕，是地遂亦为历史上不刊之纪念。闲考冷山地点，据《松漠纪闻》云：去宁江州百七十里，宁江今吉林东北乌拉街也。又高士奇《扈从日录》云：额木赫索罗站东北二百余里，自必尔罕必喇北望，相去约数十里，土人呼为白山。按必尔罕，今为由宁安县西路第二站。首站名沙兰。站旁有河，今仍名必尔罕河。必喇，满语河也。发源额穆县北境山中，源流仅二百余里，东南入镜泊湖，为牡丹江之旁源。今站北数十里，即色齐窝集之东干，环带西北，直与四合霍伦等贡山相接，是冷山地点其为今必尔罕站北高岭无疑，特所渭与陈王府邻穴处者百余家，其故址尚待访讯耳。

满清入关之初，流徙罪犯多编管于吉、江两省。及康熙时，云南既平，凡附属吴三桂之滇人，悉配戍于上阳堡，在今开原县边门外。满语称其地为台尼堪。尼堪者，汉人之谓，《松漠纪闻》：金太宗弟粘罕，本名尼堪，言其类汉人也。近人谓此二字奴隶之称，实误。既又为罗刹之乱，关外遍设军台，饬是等流人分守各台，称为台丁。其后拨与田地，令耕种自给。今屡议丈放变卖之站地问题，即属于此。故沿柳条边门，沿嫩江以北，俱有台丁踪迹。二百数十年来，污辱困穷，直是无告之民族。其余则为宁古塔城，关内缙绅获文字之祸，或罹党狱，恒流放于此。顺治丁酉㉑科场狱，吴江吴汉槎㉒塞上《秋笳》其尤著者。又一路为伯都讷、新城。康熙中叶，李方远为定王案牵连，编管于此。见后。又一路，为齐齐哈尔城，雍正初，吕留良㉓之子孙，即发配于此。又一路为黑龙江城。时将军尚未移镇齐垣，黑龙江城即今爱珲也。桐城方登峄谪此，曾赋《老枪行》一篇。老枪即老羌，指当时之罗刹，今俄罗斯人也。中言中外互市情形颇悉，并言其人行必挟枪，至，则官令人监之。因思现在吾人呼俄币曰羌贴，犹沿此号。而爱珲则书艾珲。约计顺、康、雍三朝，遣戍关东盖凡五处。及乾隆帝继位，谓汉人放逐既多，满洲纯朴风俗将遂渐染丧失，于是只有罪囚发黑龙江披甲为奴之例，而申平常汉人拦出柳边之令，有发见者罪及守台官弁。而已编管在宁古塔等地之闻人，亦陆续赐环返国，否则已久葬冰天。其为台丁，隶奴籍之人，自乾嘉以后，则亦转徙关东，有改隶鸟枪、水师营者；有仍耕台地者，遂不可究诘矣。

清初娄东无名氏著《研堂见闻杂记》，云："顺治丁酉江南科场事，逮系举子，各决四十，长流宁古塔，父兄妻子皆随流徙。宁古塔在辽东极北，去京七八千里。其地重冰积雪，非复世界，中国人亦无至其地者。诸流人虽皆拟遣，而说者谓半道必为虎狼所食，猿狄所攫，或饥人所啖，无得生也。向来流人远徙上阳堡，地去京师三千里，犹有屋宇可居，尚得活，至此则望上阳如天上"云云。观是记述，可见顺治十六年㉔前，尚无编配宁古塔之例，而当时直视此地如鬼魅世界。

按：宁古塔流放罪人，当即自顺治十六年始。又《海上见闻录》云：（著者自署梦弇，康熙时人。）顺治十六年己亥[6]，流郑芝豹于宁古塔。郑成功之母颜夫人偕行。康熙二年癸卯㉕，自戍所回，准在京闲住。又康熙十六年㉖。郑氏败于兴化，裨将刘炎投诚至京，长流宁古塔。盖康熙时，此间流人乃最盛。

《长春乡土志》㉗云："有流人居边门，父子葺破屋以栖。尝大雪，老者僵卧，其子晕绝尸旁。适有将军之子，雪中罢猎归，过此，饬从人灌以汤，少年遽苏，老者气息尚属。询所苦，知初从关内来者。"惜志中迄未叙何许人；系何姓氏。

然当时流人出关苦况，可以想见。吴梅邨[28]感怀吴季子兆骞诗云："生非生兮死非死"，实有如斯光景。《宁古塔纪略》谓妇女跣足露胫，敲冰出汲，担头号哭，皆中原贵族云云。二百年后，犹令人凄然欲绝矣。

宁古塔之流人，尚有金圣叹[29]之子。金氏以哭庙案弃市。清初无名氏著有《哭庙纪略》[30]，末云：金圣叹时方评点杜诗，未卒业而被难。有一子先曾请乩仙，问后事，判云："断牛。"不解其故。及其父以哭庙罹大辟，妻孥发配关外，安置宁古塔。至日，居老屋三间，偶至屋后瞻眺，见有断碑在焉，但存牛字，其谶乃验。闻现在宁安县尚有圣叹子孙，所居地名金家沽，但迄未有闻人。

辛亥[31]冬，友人傅君在新城得一手抄本，纸色黯晦，题曰《张先生传》，为清初李方远所著。李与明崇祯三子定王为友，王变姓名，自称张姓。案发，李以株连谪戍于新城，乃有此著。张先生者，所以名定王也。独怪是编沉埋于塞外既二百余年，至前清命运既尽，亦遂出世，从知朱明玉步既改，世阅二纪，尚有此一重公案，固已奇矣。而是编留遗至今，年代已远，不虞仍发现于新城，果孰保持之，而袭藏之，俾不磨灭，不又奇耶？兹故备录其原文如左：

张先生者，初不知其何如人也。癸亥春（康熙二十二年）[32]得晤于路氏筵上，见其丰标秀整，议论风生，因私询其从来。主人曰：姓张，号潜斋，浙中名士也。学问渊博，写作兼优，而且工手谈，精音律，今为张氏西席，敬邀相会，共春酒欢。是日也，宾朋杂集，觥酬交错，先生独向余言款，情意殷殷，若素相识者。越二日，即投刺赐顾，惠绫子诗扇，彼此往来，为笔墨文字之交者约半载余。先生忽一日过余云，欲附舟南行，两月即归，兹来告别。家有数口，米薪悉出自东家，但每月须钱千文为果菜资，不得不向知己告也。予曰："唯唯。"遂按月遣送，如是者又半载余。适余有山右之行，旋赴长安，入乙丑（二十四年）[33]春闱，后抵家，知先生已携眷南旋矣。自此，不相问者十余年。及余授任饶阳县，兼署平山，时值鞑尔靼作反，两县军需，朝夕措办，日无宁晷。先生曾到饶邑，余亦不暇申款，匆匆赠赆而别，从此又杳然无音矣。不意于丙戌（四十五年）[34]季冬，时余已解任家居，且遭鼓盆之戚，而先生偕二子至曰，江左连岁水荒，粟贵如金，不得已就食山左敝门人张岱霖之家，敬投尊府，求荐一馆以糊口。予曰："岁云暮矣，来年之馆久已聘定。余有孙数人，皆童蒙，幸为不屑之教，可乎？"先生曰："善。"因留居焉。亦时至张氏家，旬日即旋。曰师弟间不便笑谈，予公然亦信其无他矣。孰知前年初夏，盖戊子（四十七年）[35]四月初三日也。余方与先生在书房陈黑白子以相娱，忽有军厅高公、邑令张公，率营兵官役，将先生父子同予锁拿，予茫然不知其何故也，星发电驰，解赴省城，抚君坐后堂，左右列藩臬两司，旁无一役。先问予曰："你是李某，曾做过饶阳县官么？"予曰："是。""你既读书为官，当知理法，为何窝藏朱某，为不轨事？"予曰："予家只知读书，门外之事亦不与闻，不知谁为朱某，从不敢做犯法事。"抚君曰："你家教书先生是何人？"予曰："先生姓张名用观，系南方人，于二十年前在东平州张家设教曾认识。后于前年十二月，伊父子来至吾家，谆言寻馆度日，予有孙数人，从他读书，至于朱某不法事，并不晓的。"抚君曰："他在南方姓王，山东姓张，你不知么？"予曰："一毫不知。"又唤先生父子至，问曰："你是甚么人？"曰："吾乃先朝皇子朱慈焕，原封定王者。事到今日不得不说实情。"又问曰："你何以在浙江？"曰："崇祯十七年³⁶，流贼围困京城，先皇帝将吾交于王内官往民间藏匿。及城破，王内官献之闯贼，闯贼又交于杜将军。未几，吴三桂同清兵杀败流贼，各自奔逸。贼中有一毛将军，带吾至河南地方，弃马买牛种地。年余，清朝查捕流贼紧急，伊遂抛吾而逃，时吾年甫十三。自往南行，至凤阳遇一老乡绅王姓者，曾为先朝谏垣，细询根由，执手悲泣，留在伊家，余遂改姓王，偕伊子同学读书。又数年而王官病故，吾年十八九，乃从江而南，举目无亲，茕茕莫告，到一禅林大士前削发为僧，苟延岁月，偷生度日。后游于浙，止一古刹中，有胡姓者，余姚人也，亦明时宦裔。偶来寺中，与我谈经论文，愕然大咤曰：'子有如此才学，何为流于空门！'乃延至其家，改换衣帽，劝吾蓄发。伊居室之旁，有小园半亩、茅屋数间，俾吾住其中，后又以女妻焉。此吾所以为浙人而王某也。"抚君曰："今有江南两处叛案，皆称扶尔为君，恢复明朝。尔往浙中质之。"时四月初六日事也。当日抚君将口供缮写题疏，即将先生同予起解南行。骡轿四乘，解官数员：一东兖道萧，一抚标大厅陈，一都司张，并守备、千把等，统领马步兵数百，及沿途接者，日有千人。举目视之，旗帜招飐，队伍交杂，林林总总，前后拥护，余心惶惶，如在梦中矣。十四日到淮安，易舟而往，河内船舸周围济济，而振海将军之战船、满兵，较之陆路，赫赫加倍焉。二十二日到杭州，在贡院质审。上坐者钦差少宰穆旦，次镇杭将军，次两江督，次浙闽督，次苏抚于，次浙抚王，共六大人。问先生曰："你是王士元么？"先生曰："吾本姓朱，名慈焕，改名王士元是实。"又问曰："你既是朱某，朝廷待汝不薄，何为谋反呢？"曰："吾数十年来，改易姓名，冀以避祸耳！今上有三大恩于前朝，吾感戴不亡，何尝谋反？"又问曰："甚么三大恩？"曰："流贼乱[7]我国家，今上诛灭流贼，与我家报仇，一也；凡我先朝子孙，从不杀害，二也；吾家祖宗坟茔，今上躬行祭奠，命人洒扫，三也。况吾今七十五岁，血气已衰，须发皆白，乃不作反于三晋变乱之时，而反于清宁无事之日乎？且所谓谋反者，必占据城池，积草屯粮，招买军马，打造盔甲，吾曾有一于此乎？！吾因年荒米贵，在山东教书度日，居近通衢，密迩京师，尚敢有谋反之事乎？！"大人曰："现有大岚山叛贼张某，口称保你，何得强辩？"遂带张贼至。时予与先生同在案前，问曰："你认谁是朱某？"张熟视曰："都不认的。"又问曰："你前供扶助朱某，如何今日又说不认的呢？"张贼曰："原是假他名色，以鼓动人，委实不认识他。"又问予曰："他在你家教书，知道他姓朱么？"予曰："只知他姓张，连姓王也不晓的。"又问予曰："他在你家将近二年，你岂有不知情？从实说来！"予曰："他在我家不过是西宾朋友。我曾做过朝廷命官，先人受过诰封。朋友重乎，君父重乎？我纵不知轻重，也知利害。我若知情，岂不藏之深山幽谷，而乃令居我家，在官道之旁，与城市亲知饮酒作诗，人虽至愚，不至于此。"又问予曰："你说饮酒作诗，都是甚么人？"予曰："我尚不知情，何况别人。论东平、汶上，凡读书者，求他写斗方、扇头，不止一人。大人体皇上好生之心，亦不肯波及无辜之士，况山东至浙江隔二三千里，南方之事何从得知。今在大人台下，如对天颜，不敢一字虚伪。"吩咐臬司曰："朱某、李某俱不是强盗，可将狱神庙收拾洁净，茶饭亦要留心照管，委官看守。"是晚即宿狱庙，时有委官二员，一靳、一陈，又有千夫长鲁姓者，豪爽人也。见吾二老人而深敬之，朝夕谈笑或对楸枰，或观杂传，聚饮欢歌，忘乎其身在囹圄中也。予因有一绝云："素患难时行患难，人生何事不关天？但求方寸无亏处，身在囹圄心自安。"先生诗词颇多，不复记忆，甫月余，将东平张氏解到，遂提先生与予同至后堂。张氏已先在，审官仍六位大人。问予曰：张某供称朱某在你任上主文，你合他深交；他只有一面之识，是真么？"予曰："大人想情，凡州县官主文者，非刑名即钱谷，朱某只会作诗、下棋，我请他主棋文乎，主诗文乎？彼时皇上亲征辄尔靰，我又代理平山两县军需，昼夜措办不暇。朱某过饶邑，次日即行，我送照是实，何曾有主文之说。二十年前，他曾在张某家教学，家眷都在张某家。我那时才得认识他。张某你今在公堂上要说实话，天地鬼神庸可欺乎！"张某语塞。又问先生曰："你认得张某么？"先生曰："他从我读书数年，他是我的学生，怎么不认得他。"大人遂盛怒，将张某严刑究讯。既而江南解一和尚至，和尚者太仓奸僧也。素行不端，曾铸假印，伪造王札符，给散愚人，煽惑作乱。及提先生对证，又云不相识，似此或可以辩白而无累。惟与贼党叶氏素矢金兰，曾缔姻盟，事犯，江宁辑获解杭。先生于此一案，设复辩论，未免油泫，着手而不能无坚白之磷淄焉。传闻江浙两大案，谓先生与其谋者，非也。若谓先生平居谨密而非藏头露尾，泄露真情以招祸端者，在先生不能自白，人亦未敢为先生信也。迨至部覆命下，见判语云："朱某虽无谋反之事，未尝无谋反之心，应拟大辟，以息乱阶。细询李某，坚供不知情，然在伊家捉获，且住有年余，说不得不知情。合以知情而不出首之例，流徒三千里。"呜呼！皇恩浩荡，不即刑戮，俾龙钟老夫，幸以签发宁古塔定案矣。旨内又云："着穆旦多加兵丁沿途防护，将朱某带至京中，问明正法。"时七月十一日，将大岚山众犯处决，十二日登舟起解，从此与先生不获会面矣。十五日到苏，因尚未发落太仓奸僧，又住月余；分羁两处，只口传先生之音问而已。至中秋二十三日，复登舟北行，至淮安易骡轿，但遥望先生之轿在前里许，军马丛集，周匝围绕，于来时更加赫严。季秋十七日进都，先生送刑狱，予在户圈。传闻皇上念先朝之裔，给二品俸，送至玉泉山看守伊祖陵。传闻之言，固不切也。越数日，即将牵连人百余名，分三起充发：一宁古塔，一齐齐哈尔。予应在发白都讷一起中，遂备车马，带二子一仆，日日驰驱。过山海关，历沈阳城，出威远门，即条子边也㉞。过此，无一居民矣。时已初冬月晦，朔风吹面，寒气透衣，满地荒草，沙漠无际。黄羊、山雉群集；古木、怪石嵯峨。余有《关外行》一词，兹不具载。由船厂到新城，乃仲冬二十三日。白都讷，其站名也，遂买茅舍以栖止，抄闻先生弃市之信。由今思之，人生斯世，顺逆穷通、离合安危，数也，命也；造化默运不可得而逃也。当时与先生初相见时，何独向予言洽意投也，冤愆之结已基于此矣。迨后，张氏之出，投予居馆，而林木池鱼之灾，不又发难于此乎？此孰非数与命之一定，莫之为而为者哉！余也年逾古稀，身居塞外，亦惟义命是安，幸延残喘，置身于荒烟蔓草之间，遥祝圣寿无疆而已，复何望焉。谨将遇合之始末，林连之情由，笔而志之，以见事非偶然云。康熙庚寅[38]冬月，书于新城之陋室雪窗。

按：先生家在余姚，有一妻二子三女一媳。闻事发捕捉，遂一家投缳，六命俱尽。叶氏兄弟，长曰伯玉，有女名安庆者，佳丽人也。生而颖秀，幼学能文，工诗，乃先生之二子妇也。年已二八，尚未于归。叶氏行刑后，家已解京，例应分旗，而安庆为一义气满洲[8]所得。安庆恐被污辱，是晚书绝命词于壁，自缢殒命。蓬莱公李氏方远传记。

按：庄烈帝[39]七子，周皇后生慈烺、慈烜、慈炯；田贵妃生慈炤、慈焕、悼怀王及皇七子，四子均殇。当鼎革时，惟太子慈烺、定王慈炯、永王慈炤在耳。《明史·周皇后传》："抚太子、二王而哭遣之出宫。"二王即定王、永王也。而《诸王传》于太子慈烺、定王慈炯、永王慈炤，皆以不知所终结之，修史者盖难言之也。宏光[40]南渡，时王之明之狱，南京士夫诈然不平，左良玉起兵救护，竟诬为叛逆。悉由福王授意，当时臣民甚瞭然也。永王事，在国初，发见于嘉定伯周奎家，既下刑部，有小内官指验瘢痕，抱之而哭，左证宛然，本无疑义，卒亦成为疑案，翻令妄男子得所假托，而有康熙十六年[41]柘城县张缙之案。汪钝翁谓为玉步，既改而欲缓颊措辞于其间，不更难乎？！斯言信矣。此传纪定王事，即世所称为朱三太子案者是也。流离颠沛，忽耕忽读忽僧，卒以衰年弃市，与贼盗同科，阖门投缳，瓜蔓牵连者百余人。生生世世勿复生帝王家，君主结局如是，吁可惧已！

又按《明史》，定王慈炯、悼灵王慈焕，此传定王名慈焕，与史异。又据传，康熙四十七年[42]为七十五岁，则定王生年当为崇祯七年[43]。以《明史》崇祯十四年[44]"朕第三子，年已十（令）［龄］"之谕推之，当生于崇祯五年[45]。

又按：朱三太子事，南中里巷至今犹传述之。余遍搜当时官私著述，略见梗概，未能详也。钞本中夹注康熙某年字样，原稿系旁注，为后来读者添入。此本纸色灰旧，即非李氏手钞，亦必清初时人所转录。李氏二十余年肝胆旧交，又为案中重要人物，边塞追录，言之独详，弥可宝贵。

又按：白都讷即伯都讷，为今新城县。然新城之称，尚远在康熙三十二年[46]筑城时始。三十三年移吉林副都统驻此，以有旧城，故名今城为新城。说见何秋涛考订《龙沙纪略》：《吉林通志》伯都讷驻防城旧名讷尔珲，亦曰新城。据此传，则伯都讷为站名，是可正通志之疏舛。

又按：鞑尔靼，即噶尔丹。亲征事在康熙丙子三十五年[47]春夏间，上距乙丑[48]适十一年。

谈最近数十年吉林掌故者，俱首及夹皮沟之韩边外。韩籍山东，富才略，当前清同光间，招集燕齐流民于夹皮沟掏采金矿。严约束，远斥堠，生聚日繁，俨于穷边荒漠中别开世界。吴大澂勘界莅东，亟赏其才，为更其名曰效忠。按：

自吉林省城南行百八十里至大鹰沟，由此而南三十里为桦树林，又二十五里为木奇河，又迤而东南百九十里即夹皮沟矣。皆韩氏蓝缕胼胝以启此山林也。属彼势力圈者，自大鹰沟起，直至古洞河、大沙河，二河皆发源长白山北麓。经今安图县界北入松花江。并及松花江西之荒沟、那尔轰等处。袤长约八百余里。其间山岭森林，非得向导几不辨南朔，内有练会处，团勇皆骁勇善斗。甲午中日之役，曾以其徒五百与日军战于海城；庚子年俄人入犯，竟大挫之于马烟山，不敢进窥。韩之管内编户千八百余，男妇万人，几分一百五十牌。守望谨密，闾井宴如，向有路不拾遗之谚。当桦甸、磐石等县未设治时，居民诉疾苦、安耕凿，靡不韩效忠是赖。故中日间岛交涉，日人指此为世界秘密国，妄相牵混。韩固慷慨仗义，官吏捧檄至此，或南士薄游塞上，无勿倾心结纳。今效忠已故，其孙登举继为团总，尚能世其业，占势力于吉林之南土焉。

夹皮沟长不及三里，宽不及二十丈，在前清光绪癸巳^⑩、甲午等岁，沟中盛产金砂，矿丁至四五万人。此一隅中，有戏馆两处，晨夕演艺。民间交易辄以金砂为通货，购一果食动出金钱许，故四方贾贩闻风遥集。出沟迤北又有老营厂沟、板庙子岭，亦产金。今则砂残沟老，盛况已迥不如前，而在东境，头二道江诸处，即松花江之正源。则韩侨纷来，情形又稍稍变矣。

东三省马贼，号红胡子。或云昔年多用土枪，枪口有塞，系以红绒一绺，当射击时则去其塞而衔之于口，远望之如红须然，此一说也；或又云当时匪人行劫，多有戴假红须以恐赫人，如梨园所演《新安驿》之类者，此又一说也；或又云，俄国流放罪人，多在边界，往往越界勾结匪人劫掠，以俄人多须而红，故以名之，此更一说也。三说皆似近理，而终无确据。今则红胡子之名不常相称，但称之曰鬍子，亦曰胡子。吾谓胡子之名最当，盖以胡地而言矣。

胡子以夏秋之间，树叶茂盛时最盛，谓之青纱帐起，以便藏窜。古称盗为绿林、为雀苻，即此意也。胡子一行一动，一事一物，皆有代名，兹不能悉记，其要者，如：掳人勒赎曰"绑票"，不赎则杀之曰"扯票"；又有"胳膊""膀子""腿"之语。"胳膊"为何物，不及详；"膀子"者，枪也；"腿"者，马也。有一枪则得赃一分，往往一人有枪三五杆，则为渠魁。马则不计，盖劫夺者居多耳。此亦讯问盗案者不可不知。

按：吉林匪患始于前清咸丰之季，见于章奏者，皆称金匪。时中原洪杨之乱正亟，八旗披甲大半遭调入关，故傲扰弥甚。同光之间，略为宁谧。至甲午战罢，溃兵散勇，化为伏莽，患乃复深，迄于庚子拳乱，遂成胡匪之世界。

东省苦马贼久矣，顾年来匪势锐减，实无巨股足为腹心患。零星之匪，每数十人为一股，或胁从至数百人，则张皇六师，号劲敌矣。闻十年前，每股往往达数千人，有至万人以上者，而前后数十年，势力之伟，关系之巨，谈者必曰唐殿荣。殿荣，山东人。初流转关外，得充哨官⁵⁰。因事罢法，孑身遁入三姓向为金匪所据之沟中。沟距三姓城尚百余里，自沟口距殿荣所居地又六十里。深山穷谷，左巉右屼，向绝人迹。殿荣至不数年，招集亡命，麇聚者三万人，纯以兵法部勒，号令严明。盖自韩氏夹皮沟外，无与抗者_{见前}。殿荣善枪法，曰跗则著跗，曰指则著指，百不失一。以此，日搜其部下而训练之，人人有命中之技。第其劫掠，专以俄人为目的。沟中缺粮械子药，辄率众越界大掠俄屯，踪迹飘忽，俄人无如何也。殿荣尝单身赴东路某小站，站有俄兵五十为野外射击。殿荣伏草间伺之，俄兵方树侯持枪俯首较准，殿荣自后遽发枪，俄兵应声仆。余兵以为误扳枪机或伤己一兵，续持枪进仆如前。凡仆四兵，俄兵始大呼有贼，各穷搜草间，殿荣手可挟两枪，左右挟四枪，见俄兵来，四枪连发，俄兵四人仆。方抢攘间，殿荣已移其蹲伏地，轰然一声又应声倒，无一虚发者。移其蹲伏地如前，如是者凡七八度，伤者已众，余兵不知敌人多寡，舍命狂窜。殿荣乃徐徐出草间，搜其枪枝，捆载而出。其技术胆略，类如此。顾三姓人，举感其不扰廛市，凡金沟粮食杂物一切交易，悉如常。一日，某商送粮赴金沟，中途被劫，商赴沟诉之。殿荣曰："确邪？"曰："确也。"乃尽集其众，得二人，即劫粮者。殿荣曰："汝等在此，衣乎，吾解；食乎，吾推；钱乎，吾与，尚不足邪？劫粮事小，万一因此商民裹足，一切粮食遮断交通，吾数万同仇之士性命休矣，此则不能曲恕者，汝二人其速离此土！"于是别令二人押送出沟。既出沟，押者植立，遥指前途曰："汝二人行矣，至所指处即为汝界，吾任汝行矣。"二人欣然前行，方及所指处，双枪并发，二人仆矣。其部下之枪法可惊，又如此。

庚子事起，东省号称仇外，实则虚张声势，惟殿荣乃实力排外，俄人衔之刺骨。时将军长顺，闻殿荣名，遣使招抚，殿荣乃尽率三万众赴省投降，驻扎吉林城外莲花泡。长即命殿荣分其众为若干营，以为总统，而嘱举二人为分统。有刘弹子者，殿荣义子也。请于殿荣，愿得此职。殿荣曰："汝何可哉，吾已属之十四阎王矣。"十四阎王者，亦殿荣党，盖在金沟时绰号也。弹子怒，屡欲寻十四阎王拼命。殿荣曰："今吾辈业已投诚，国家待吾等厚，宜自励，为国杀贼，岂可自相屠戮，如草泽时耶！"即授弹子为营官，又虑其未必能心慊，则借事遣之外出。弹子怏怏领队行。明晨，忽回至殿荣帐下，时殿荣卧未起，弹子排闼入其外室。俄而殿荣起，弹子奉匦入，殿荣喵曰："汝未行耶？"曰："固也！吾有事奉白。"殿荣曰："休矣，勿复言，此决办不到者。"弹子曰："果耶。"立拔刀猛斫，深入数寸，帐下健儿闻声至，絷弹子。殿荣曰："勿尔，此吾过也。"

挥弹子曰："速走！"因走笔上长将军书，言弹子固忠于吾，此次之变，咎在吾激之太过，彼实无罪，乞宥一死。云云。逾一日遂死。弹子后亡命为渠魁，而十四阎王在省垣，俄人忌之甚，卒由俄廓米萨尔招饮伏兵擒之，絷送海参崴。

与唐殿荣同时之著匪，纵横北满一带能与齐名者厥惟燕子。燕子者，贼中之混称，初不详其姓氏，矫健鸷悍，雅与名称。唐殿荣以材，燕子以勇，而均能以义侠名号召群众。燕子徒党，几有万人，至其剽锐之死党，亦将千数。或与有忤，全家立烬，燕子但口颐微动而已。以故，此千余人所至，已靡敢抗其颜行，而辛丑岁⑤，卒被官军擒获，就戮哈尔滨。其为匪时，事迹不胜记，兹第记其逮捕始末。日者，燕子乘东清路头等车，由双城厅东赴宁古塔城。抵阿什河，车暂停，夕阳已下，燕子下车散步，暮色苍茫中，忽来一女郎对之嫣然微笑，燕子谛视，固旧好也。款曲互通，女道劳苦，尼其行，且留宿焉。燕子语其伴，即东发，而尾女归，止其家。有仇家侦知，走告防军，军官惮不敢往。既讯知，并无余匪翼卫，犹乘夜遣急足四出请援。天明，防军大集，围而攻之。燕子夷然走出曰："勿用械，并不准多人押解，吾自往对簿，不然鼠辈必无倖。"既抵哈，全市为之戒严。燕子往日仇俄人最甚，即东清铁路公司受其害已不鲜，俄中将霍尔瓦特㊥，因请于交涉局，华官亦会鞫焉。燕子顾独向华官跪，霍左席高坐，勿之理也。官讯其为匪事，答曰："多矣。扑城劫饷，杀人越货，过眼烟云，岂能悉数？且汝辈决狱定谳，无非向壁虚造，曷尝凭供，汝欲吾云何则云何耳！"已而，霍中将续讯劫掠俄人各案，令舌人为翻译。燕子慷慨陈说，忽然嗑曰："子休矣，此种译人误乃公诚非细。"即用俄语答辩，滔滔如泉涌。曰："汝以吾为盗，盗乃汝国奖导吾为之。吾辈所用枪，何一非俄制？汝明明藉我以兵。"霍语塞，大惭退去。越数日行刑，燕子叹曰："余年三十，名满关东，惜未为国建功，始终草泽。"将刑，燕子脱一金钮之半臂予监刑武弁，且谢将护盛意。该弁骇其重，归视，并满贮金叶，鬻之值数千金。

校记

〔1〕原作"更书"，今改。

〔2〕原作"通卫肯"，误，今改。

〔3〕原脱"里"字，今补。

〔4〕原作"辽天圣"，误，今改。

〔5〕原作"坏"，误，今改。

〔6〕"己酉"为己亥之误，今改。

〔7〕原书"贼乱"二字颠倒，今改。

〔8〕"洲"字原脱，今补。

注释

① 1612 年。

② 宋徽宗 1102—1106 年年号，凡五年。

③ 1146 年。

④ 1726 年。

⑤ 1756 年。

⑥ 1909 年。

⑦ 此说并非定论，详近人著作。

⑧ 即天眷三年，1140 年。

⑨ 1910 年。

⑩ 吴禄贞（1880—1911），湖北云梦人，曾任清练兵处监督、延吉边务帮办、新军第六镇统制等职。武昌起义后策划北方新军起义，遭袁世凯暗杀。

⑪ 1214 年。

⑫ 辽无"天圣"年号，当为"辽圣宗年间"之误。按：该塔建于辽圣宗年间，即 983—1031 年。或"辽天圣"为"宋天圣"之误。宋天圣为 1023—1032 年。

⑬ 1163 年。

⑭ 壬寅，1902 年，即光绪二十八年。

⑮ 大同，为辽太宗年号，但无二年，疑原书有误。辽大同元年为 947 年。

⑯ 1128 年。

⑰ 1130 年。

⑱ 洪皓（1088—1155），宋鄱阳人，建炎三年（1129 年）使金，绍兴十二年（1142 年）被释归宋，留金十三年。著有《鄱阳集》《松漠纪闻》等。

⑲ 韩公，指韩愈，曾贬官潮州刺史。潮州治所，在今广东潮安。

⑳ 当为十三年，或称十四年。

㉑ 1657 年，顺治十四年。

㉒ 吴兆骞（1631—1684），字汉槎，吴江人，顺治丁酉举人，以科场案流放宁古塔二十余年。

㉓ 吕留良（1629—1683），字用晦，号晚村，崇德人。明末思想家。清初曾谋反清，事败削发为僧。雍正时因曾静案，被剖棺戮尸，著述禁毁。有《吕晚村文集》《东主吟稿》。

㉔ 1659 年。

㉕1663年。

㉖1677年。

㉗此书未见著录。著者，年代不详。疑是书为《长春县乡土志》。

㉘吴伟业（1609—1672），字骏公，号梅村，太仓人。清诗人，有《梅村家藏稿》等。

㉙金圣叹（1608—1661），名人瑞，字圣叹，吴县人。评《离骚》《庄子》《史记》、杜诗诗集、《水浒》《西厢记》，合称"六才子书"。以哭庙案被杀。

㉚清初吴县知县任维初贪赃枉法。时顺治帝死，金圣叹等儒生集合孔庙行哭，向巡抚控告，反遭冤杀。此书即记述此案。

㉛辛亥，1911年。

㉜1683年。

㉝1685年。

㉞1706年。

㉟1708年。

㊱1644年。

㊲条子边，即清代之柳条边墙。

㊳康熙四十九年，1710年。

㊴庄烈帝，即明崇祯帝朱由检。

㊵宏光，通作"弘光"，南明福王年号。

㊶1677年。

㊷1708年。

㊸1634年。

㊹1641年。

㊺1632年。

㊻1693年。

㊼1696年。

㊽康熙二十四年，1685年。

㊾光绪十九年，1893年。

㊿清咸丰后，陆军以八十至一百人为哨，其长为哨官。

(51)1901年。

(52)德米特里·列奥尼多维奇·霍尔瓦特（1859—1920？），1903—1919年任中东铁路管理局局长。十月革命后极力反对苏维埃政权。一九二○年三月，在中东铁路工人的"驱霍运动"中被赶下台，逃往北京，旋病死。